CERIMONIAL E PROTOCOLO

Proibida a reprodução total ou parcial em qualquer mídia
sem a autorização escrita da editora.
Os infratores estão sujeitos às penas da lei.

A Editora não é responsável pelo conteúdo deste livro.
A Autora conhece os fatos narrados, pelos quais é responsável,
assim como se responsabiliza pelos juízos emitidos.

Consulte nosso catálogo completo e últimos lançamentos em **www.editoracontexto.com.br.**

Ana Lukower

CERIMONIAL E PROTOCOLO

Copyright © 2003 Ana Lukower

Todos os direitos desta edição reservados à
Editora Contexto (Editora Pinsky Ltda.)

Revisão
Maitê Carvalho Casacchi
Lilian Aquino

Projeto gráfico e diagramação
Denis Fracalossi

Capa
Antonio Kehl

Dados Internacionais de Catalogação na Publicação (CIP)
(Câmara Brasileira do Livro, SP, Brasil)

Lukower, Ana
Cerimonial e protocolo / Ana Lukower. –
4. ed., 3ª reimpressão. – São Paulo: Contexto, 2023.

Bibliografia.
ISBN 978-85-7244-233-6

1. Cerimonial cívico 2. Etiqueta diplomática 3. Etiqueta oficial
I. Título. II. Série.

03-2283	CDD-327.2

Índices para catálogo sistemático:
1. Cerimonial e protocolo: Etiqueta diplomática 327.2
2. Protocolo e cerimonial: Etiqueta diplomática 327.2

2023

EDITORA CONTEXTO
Diretor editorial: *Jaime Pinsky*

Rua Dr. José Elias, 520 – Alto da Lapa
05083-030 – São Paulo – SP
PABX: (11) 3832 5838
contato@editoracontexto.com.br
www.editoracontexto.com.br

Sumário

Introdução 7

Conceitos e origens 9

Procedimentos 17

Comunicação 25

Tipologia de eventos 37

Trajes 61

Ética profissional 65

Formas de tratamento 71

Tipos de mesa 77

Precedências 83

Legislação 89

Bibliografia 125

Introdução

Este livro destina-se não somente aos estudantes das áreas de Relações Públicas, Eventos, Hotelaria e Turismo, mas a qualquer pessoa que queira conhecer um pouco mais da história do Brasil e saber como um país tido como subdesenvolvido consegue formar os melhores diplomatas do mundo.

Não é incomum, em conferências de paz, eventos de caráter humanitário, acordos de estabilizações, interferências de órgãos mundiais de paz, armistícios e trabalhos de segurança na ONU, encontrarmos, senão um contingente, pelo menos um diplomata brasileiro em cada missão.

Mas a que se deve a reputação dos nossos diplomatas?

Por mais curioso que possa parecer, é justamente naquele "jeitinho brasileiro", tantas vezes criticado por nós mesmos, que se dá a formação de profissionais tão diferenciados.

Na realidade, esse jeitinho nada mais é que um conjunto de características muito nossas, como o traquejo e a vontade de acertar, a formação cosmopolita que nos foi permitida por vivermos em um país que abraça todas as nacionalidades e credos, nosso poder de adaptação a qualquer contingência, a bondade com nosso semelhante. É isso que nos permite formar gente da melhor qualidade.

Conceitos e origens

Para entender a importância dos fatos históricos na área de Cerimonial e Protocolo, vamos antes conhecer alguns conceitos.

O que é Protocolo?
Conjunto de normas jurídicas, regras de comportamento, costumes e ritos de uma sociedade em um dado momento histórico, geralmente utilizadas nos três níveis de governo (federal, estadual e municipal).

O que é Cerimonial?
É a aplicação prática do protocolo, ou seja, as suas regras. Exemplo: cerimoniais e protocolos oficiais como a troca da guarda do Palácio de Buckingham.
Exemplo de cerimonial não oficial: fila de cumprimentos em eventos, corte da faixa inaugural em estabelecimentos.
A diplomacia está ligada a Cerimonial e Protocolo, sem estes ela não poderia existir. O cerimonial da diplomacia possui regras internacionais.

O que é etiqueta?
É um conjunto de normas de comportamento social, profissional e familiar, que retrata a sociedade em cada época distinta. A etiqueta também indica costumes e hábitos dos povos. Como exemplo, podemos citar o cumprimento dos orientais, uma inclinação para frente com a cabeça,

em oposição ao cumprimento ocidental do aperto de mãos. Nesse caso, as regras de etiqueta que prevalecem são o cumprimento do anfitrião em primeiro lugar e imediatamente após o cumprimento do visitante.

A sociedade recorre às regras protocolares como referencial, mas a simplificação no cerimonial, hoje em dia, é uma tendência mundial. Prova disso é que a casaca e o fraque foram praticamente abolidos.

O que é educação?

Conforme o dicionário de Aurélio Buarque de Hollanda, educação é "ação exercida pelas gerações adultas sobre gerações jovens para adaptá-las à vida social; trabalho sistematizado, seletivo e orientador pelo qual nos ajustamos à vida, de acordo com as necessidades, ideais e propósitos dominantes; ato ou efeito de educar; aperfeiçoamento integral de todas as faculdades humanas; polidez e cortesia".

Podemos observar que o conceito de educação é muito amplo. Verificamos também que são os mais velhos que passam as informações aos mais jovens; logo o sistema de tradição verbal e escrita ainda permanece e é assim que costumes, rituais, protocolos e cerimoniais são transmitidos. Como o homem é um ser social, precisa destes subsídios de conhecimento para conviver em sociedade.

O que é ética?

É o código moral em que a sociedade está calcada. A ética retrata o momento histórico da sociedade com seus valores.

Observamos que, entre os conceitos de Cerimonial, Protocolo, Etiqueta, Educação e Ética, temos a formação completa de um indivíduo. Neste livro iremos tratar exclusivamente de Cerimonial e Protocolo, com algumas menções a etiqueta, deixando para a filosofia e a pedagogia a parte da educação e da ética.

Todo o processo de Protocolo e Cerimonial segue uma lógica, a maior parte das regras e ritos têm um porquê, nada é estabelecido aleatoriamente.

Hoje, uma das principais preocupações das normas de Protocolo e Cerimonial são as precedências, pois já foram até motivo de batalhas em outros tempos, envolvendo países poderosos como a França e Rússia. A precedência é, na realidade, o reconhecimento da primazia hierárquica, principalmente entre as potências mundiais antes da Segunda Guerra Mundial.

A hierarquia é o determinante nas questões protocolares, é dela que depende a organização da precedência.

O Congresso de Viena, realizado em 1815, forneceu as diretrizes do cerimonial oficial moderno. Depois de muita discussão, inclusive em relação a congressos anteriores a ele, chegou-se à seguinte conclusão quanto a precedência entre países: todas as nações têm a mesma importância, logo a precedência ocorrerá na ordem de chegada de seus representantes ao local do evento. Esta ideia foi do Marquês de Pombal, nobre português, cujo trabalho de considerações protocolares foi uma grande contribuição ao Congresso de Viena. Assim como as citações em ordem alfabética, por ocasião do casamento de D. Maria I, a louca, que serviram de base para as decisões sobre protocolo no referido congresso.

Devemos eliminar a imagem que temos de cerimoniais, principalmente os oficiais, de eventos faraônicos, pois eles não são assim na realidade. Essas distorções ocorrem por conta de indivíduos que querem demonstrar ostentação e poder excessivo. Na realidade, tratando-se de eventos das áreas do governo, jamais deve-se ostentar, pois eles são realizados com verbas públicas e, além disso, não devemos relacionar requinte e bom gosto com ostentação.

Por que da existência do Cerimonial e Protocolo?

Existe para determinar os procedimentos e evitar embaraços.

Para exemplificar podemos citar uma audiência, onde sempre há um juiz, sentado no centro da sala de audiência, por ser o representante do Estado e cumprir o papel de mediador, além do advogado de defesa e a da promotoria. Todos usam becas, porém as becas não podem ser iguais; o promotor usará uma beca de estilo germânico e os demais advogados, uma beca de estilo francês.

Todo este procedimento faz parte do protocolo do direito e a prática deste protocolo é o cerimonial que ocorre nas audiências.

A lógica deste processo está na facilitação do entendimento para qualquer pessoa que conheça o cerimonial e na distinção das funções dos profissionais em questão.

Podemos encontrar práticas de protocolo e cerimonial em praticamente todas as atividades, tais como:

1) alimentação – o que servir em determinada ocasião e evento, a ordem dos pratos e a ordem dos vinhos e bebidas, guardando inclusive as questões alimentares religiosas e ritualísticas de cada povo.

2) linguagem – que assuntos devem constar em uma pauta e como devem ser abordados.

3) tratamentos – como referir-se a uma pessoa em função do cargo que ela exerce ou título que possui, como nos dirigimos às pessoas mais velhas ou hierarquicamente superiores.

4) vestuário – que traje está de acordo para cada ocasião.

5) gestual – tipos de saudação, cumprimentos, palmas etc.

6) escrita – preocupação com termos adequados e apresentação visual do texto.

7) priorização dos rituais.

8) comportamento e etiqueta.

Enquanto o cerimonial formal é uma organização do ritual baseada principalmente em leis, que podem ser de um país, como acontece no Brasil – com a lei que rege nosso Cerimonial formal ou Cerimonial público, Decreto n° 70.274 de 9 de março de 1972 –, de um clube, ou de uma empresa, o Cerimonial social não possui legislação específica, escrita, mas se baseia em uma sequência de rituais implícitos e tradições, como por exemplo em uma festa de casamento, onde o brinde simbólico dos noivos e a partilha do bolo antecedem a valsa, que começa somente com os noivos dançando, seguido dos pais, padrinhos e, por fim, dos convidados. Não há uma lei especificando essa sequência, porém a tradição rege este tipo de cerimonial, que quando é omitido ou mudado causa espanto por fazer com que o evento perca sua referência.

Como consequência, muitas tradições são consagradas pelo uso e transformam-se em leis, como veremos no próximo capítulo, referente à origem e história do Cerimonial e Protocolo.

Na verdade, ambas modalidades estão tão misturadas, que suas origens se confundem.

Podemos utilizar a base do Protocolo oficial, ou seja, a legislação, para eventos não oficiais, mas que possuem certa formalidade. É o que geralmente ocorre com a questão de precedência: se uma empresa possui um presidente, um vice-presidente, alguns diretores e gerentes, podemos perfeitamente adaptar a Ordem Geral de Precedência para a formação de uma mesa de plenário destes participantes, ordem de discursos e outras etapas do evento, logo o presidente da empresa, ou seu vice na sua falta, *sempre* presidirá as solenidades do evento.

UM POUCO DE HISTÓRIA

Quando falamos de Cerimonial e Protocolo, remetemos os leigos para uma questão diplomática contemporânea, o que não é verdade.

Podemos afirmar com tranquilidade que Cerimonial e Protocolo são tão antigos quanto a história da humanidade. Muito antes da descoberta do fogo e da roda os homens já se organizavam em clãs, onde havia uma hierarquia a ser respeitada em eventos, como a hora de saborear a caça.

Já existiam líderes, geralmente o homem mais idoso do clã, a quem era conferido o status de chefe e que tinha o privilégio de preceder os demais nos momentos mais importantes na vida do clã.

Os homens primitivos iniciaram as tradições de cerimonial e precedência para as refeições mais importantes, e também foram eles que vincularam todos os rituais e cerimoniais à religião. Encontramos esse fenômeno em várias culturas até o fim da Idade Média. Na verdade, os rituais surgiram antes das religiões.

Os primeiros registros sobre rituais e cerimoniais são chineses. Foi Chou Kung que realizou a primeira compilação de cerimoniais em XII a.C., segundo o escritor especialista no assunto Blanco Villalta, em seu livro *Cerimonial en las relaciones publicas*.

De fato, na China o conhecimento dos cerimoniais fazia parte da formação do indivíduo, apesar do peso religioso não ser tão forte como no Egito, Roma e Grécia.

Os egípcios calcaram suas vidas e seu cotidiano em cerimoniais, com base na religião. O dia a dia dessa civilização foi marcado pelos rituais de casamento, a bênção ao nascer uma criança, a época do plantio e da colheita. Para tudo havia um deus específico e seu ritual correspondente, para que as pessoas pudessem viver bem e usufruir da natureza e de seu trabalho da melhor maneira possível.

Vale a pena salientar que, se observarmos bem, os rituais da Igreja Católica ainda possuem fortes resquícios de rituais e cerimoniais da civilização egípcia, como por exemplo na ocasião da sagração de um papa, quando ele é sentado em um trono papal e carregado pela basílica, como no antigo Egito, onde os faraós eram carregados em seus tronos para a aclamação do povo.

Na Roma antiga, os cerimoniais também estão incorporados ao cotidiano do povo. Independente do nível social, todos tinham não só o conhecimento dos cerimoniais como também os praticavam de forma corriqueira. Exemplo curioso é que os rapazes, ao passar da adolescência para a fase adulta, trocavam o tipo de veste que usavam. Na adolescência utilizavam a *bulla* como indumentária, a partir de uma cerimônia que ocorria durante as comemorações a Bacco – as Liberalias. Em março, eles trocavam a *bulla* pela *toga*, vestimenta que sinalizava a entrada para a fase adulta. Esse cerimonial ocorria com os rapazes que completassem 17 anos. Muitos outros cerimoniais do cotidiano romano podem ser descritos, principalmente os cerimoniais das refeições, que mereceriam um capítulo a parte.

Religião, hábitos, tradições, tudo isso envolve a formação dos cerimoniais em todos os tempos.

Para quem se interessa e quer aprofundar-se no assunto, temos publicações específicas com a história dos principais povos da civilização ocidental e oriental, como por exemplo *A História de Roma*, de Mario C. Giordani, entre tantas outras.

Na Idade Média, a Igreja interferiu de maneira decisiva no cotidiano das pessoas, uma vez que todos os cerimoniais estavam baseados na liturgia. Os monarcas eram entronados em cerimoniais e rituais basicamente religiosos; não poderia ser admitido nada de profano em evento tão importante. Os cavaleiros que saíam para combates sangrentos eram abençoados e homenageados com cerimoniais religiosos, a própria sagração de um cavaleiro tinha mais um caráter religioso que militar nesta época.

Após a Revolução Industrial, à beira da modernidade, houve um rompimento com as tradições da Igreja, mas não podemos negar que até hoje nossos rituais e cerimoniais são permeados da influência religiosa da Idade Média. Basta ouvir a introdução da leitura de uma escritura de um imóvel para notarmos a tradição: "Saibam que aos vinte e oito dias do mês de maio de mil novecentos e noventa e nove da Era Cristã..." E o Brasil ainda guarda muitos resquícios da influência da Igreja no Estado.

Hoje, podemos dizer que todo o cerimonial moderno, em qualquer lugar do mundo, tem a sua base no exército, já que não há setor que mais entenda de rituais e cerimoniais. Isso vale para qualquer nação.

No Brasil, durante o I e II Reinados, por influência portuguesa, o cerimonial contou com boas performances de nossos governantes. Em sua estada no país, D. João VI contribuiu para a consolidação de práticas de cerimonial, embora muitos desacreditem suas qualidades como mediador. No entanto, conseguiu escapar das garras de Napoleão e permitiu que seu filho D. Pedro I governasse o Brasil após sua partida, sabendo que o Brasil viria a ser independente, por pressão de países importantes para o comércio português, como a Inglaterra. E ainda trouxe a missão francesa para que a corte no Brasil se modernizasse nos aspectos socioculturais, o que obviamente incluía o cerimonial e protocolo.

Durante o segundo reinado, D. Pedro II viu-se em apuros com a pressão inglesa sobre a escravidão no Brasil e libertou os escravos, mas não sem antes tirar vantagens em grandes negociações com os ingleses, como a construção de ferrovias como a São Paulo Railway.

Procedimentos

PRECEDÊNCIAS

As normas de Cerimonial e Protocolo Públicos, descritas no Decreto 70.274 de 9 de março de 1972, visam principalmente as precedências.

O que deve ser observado é a hierarquia dos cargos e sua representatividade no evento em questão. Para exemplificar é interessante citar o próprio exemplo do decreto de normas. No caso de recepção de uma delegação estrangeira, o Ministro das Relações Exteriores terá prioridade sobre o Ministro da Justiça, que teria na escala hierárquica a maior importância em um evento corriqueiro. Segue o mesmo critério quando o evento for de cunho militar, que possui suas próprias normas de cerimonial e protocolo.

Nós não teremos todas as ordens de precedência decoradas, porém, é interessante termos o conhecimento da sequência da formação dos estados da federação, pois eles são priorizados exatamente desta maneira, com exceção do distrito federal, que terá sua bandeira aclamada em último lugar.

A preocupação com eventos públicos não deve ser uma tônica para o organizador de eventos, a não ser que esteja pleiteando um cargo no cerimonial, seja de nível municipal, estadual ou federal. Porém, é conveniente obter o conhecimento básico para evitar qualquer tipo de constrangimento. A prática é a melhor maneira de aprender esta sequência.

O conhecimento das normas de precedência auxiliará também o profissional de eventos a dimensionar a importância da escala hierárquica, em qualquer situação e evento em que irá trabalhar. Para exemplificar essa afirmação podemos citar o caso do presidente de uma empresa qualquer, que também presidirá todos os eventos da empresa em que estiver presente, independente do tipo de evento. O mesmo ocorre com o nosso Presidente da República, assim será possível transpor a formalidade oficial para a não oficial, para o corporativo, o que resulta, em termos de organização, em lógica e harmonia para o evento.

Para que o organizador de eventos tenha uma dimensão exata da importância de cada convidado, caso não seja uma cerimônia oficial, é preciso que ele seja bem informado. Caso tenha dúvida, pesquise entre os colegas ou dentro do próprio círculo social dos convidados, mesmo porque, na maior parte das vezes, não conhecemos todos os participantes e qual a representatividade de cada um especificamente naquele evento.

Ao observarmos as regras e normas de precedência, podemos notar uma certa lógica que deve sempre prevalecer em qualquer tomada de decisão, principalmente de ordem diplomática. Como exemplo temos a ordem de precedência do ministério, na qual em primeiro lugar é convocado o Ministro da Justiça, seguido pela Marinha e Exército, Relações Exteriores e então o Ministro da Fazenda. Se considerarmos que em nossa bandeira os dizeres são Ordem e Progresso, notamos que a precedência dos ministros segue justamente esta lógica: a ordem com a Justiça e os militares, seguidos da Fazenda, que corresponde aos negócios, indicativo de progresso. Da mesma maneira, a ordem de precedência dos estados segue a formação oficial, com exceção do Distrito Federal, que fica em último lugar sempre, por questão de destaque e deferência.

AUTORIDADES EM EVENTOS NÃO OFICIAIS

Quando do comparecimento de autoridades, principalmente ligadas ao governo, devemos primeiramente saber qual a importância que cada uma delas tem na escala hierárquica. Depois de verificado, consultamos a pessoa ou instituição que promove o evento, se irá fazer alguma alusão quanto ao comparecimento desta ou daquela autoridade. Mesmo quando não é feita alusão, a obrigação de quem recebe uma autoridade, mesmo extraoficialmente, é de acomodá-la em lugar de destaque, não sendo necessário um lugar de honra. A citação da autoridade se faz necessária. O mestre de cerimônia agradece a presença da autoridade ou autoridades, conforme a ordem de precedência. É uma excelente providência, também, escolher alguns convidados que possam ter interesses em comum e promover as apresentações.

Contando com a presença de alguém ligado ao governo, seja de qualquer lugar ou qualquer nível, faz-se necessário o contato com a chefia de cerimonial responsável pelos serviços a essa autoridade, a fim de colocar à disposição do mesmo o programa do evento e qual a participação específica de tal autoridade no transcorrer do evento (se fará algum discurso, com quem irá sentar-se etc.).

Transpor essa referência de precedência para a informalidade é um verdadeiro desafio ao profissional. Podemos ter a oportunidade de trabalhar em eventos onde não conhecemos a hierarquia. Nesse caso, devemos sempre pedir informações para nos familiarizarmos com essa questão e assim desenvolver um cerimonial correto. Tomamos como base o presidente de uma empresa, por exemplo. Em seu universo, ele tem a mesma importância que o Presidente da República no país. A partir deste pressuposto conseguimos organizar uma precedência em eventos não oficiais; os diretores terão a função de ministros; os gerentes, de secretários ou senadores, e assim por diante.

No caso de eventos não oficiais com a presença de autoridades em estabelecimentos ou sedes que não possuam vínculo com qualquer nível de governo, deverá prevalecer a precedência federal do Decreto 70.274.

RECEPÇÃO DE DELEGAÇÕES ESTRANGEIRAS

Da mesma maneira que o Itamaraty observa nossas normas de Protocolo e Cerimonial, para que sejam corretamente cumpridas, os outros países fazem o mesmo.

Na ocasião de recebermos uma delegação estrangeira, a primeira providência é entrar em contato com o cerimonial do país que virá visitar-nos, a fim de podermos estabelecer contato e ambos cerimoniais planejarem os eventos, receptivos e toda a programação da delegação. Com autoridades de empresas é cordial proceder da mesma maneira, as informações sobre gostos e peculiaridades dos visitantes devem ser obtidas, a fim de proporcionar-lhes uma estadia confortável e agradável.

O cerimonial que está recebendo deve colocar à apreciação do outro um programa muito bem detalhado, informações sobre hospedagem e traslado das autoridades, qual a participação delas nos eventos, a ordem dos discursos, muitas vezes até cópia dos discursos dos demais devidamente traduzidas, cardápios do que será servido nos eventos, planos de mesa. Enfim, tudo que irá acontecer durante a visita da delegação.

O cerimonial deles, eventualmente, poderá intervir com sugestões, ou modificações, que considerar relevantes para a delegação. Essas sugestões são submetidas à apreciação dos organizadores, até que se alcance um consenso.

É comum, por uma questão de deferência, acrescentarmos algum costume ou tradição original do país da delegação visitante. Isso denota interesse e conhecimento, o que é fundamental em diplomacia. Podemos dizer que isso deve ocorrer não somente em eventos oficiais; em eventos de empresas e até particulares, é uma gentileza que fazemos aos nossos visitantes.

Como podemos perceber, pesquisa neste tipo de atividade é fundamental.

As regras de etiqueta deverão ser rigidamente respeitadas. Um cuidado muito importante, e é justamente por isso que a pesquisa se faz necessária, é informar-se se os visitantes seguem preceitos religiosos e possuem necessidades específicas ou restrições alimentares, como os muçulmanos e os judeus, que não comem carne de porco ou precisam de um abate especial, ou os hindus, que não comem carne de vaca, que consideram um animal sagrado. Na dúvida, o melhor a fazer é optar por frango e peixe.

O profissional de Cerimonial deve estar sempre atento aos detalhes.

ONGs (ORGANIZAÇÕES NÃO GOVERNAMENTAIS)

Muitas pessoas não conseguem visualizar onde as ONGs se encaixam em termos de Cerimonial. Seria utilizado um Protocolo oficial?

A resposta é não. A própria categoria da entidade já diz: não governamental. Logo, não está ligada ao governo e não possui Cerimonial e Protocolo oficiais.

ONGs são instituições sem fins lucrativos, entidades que congregam pessoas e empresas com o objetivo comum de prestar serviços à sociedade e ao meio ambiente.

As ONGs constituem-se exatamente como clubes, com conselhos, presidência, vice-presidência, diretoria, códigos e estatutos.

As ONGs têm a preocupação, na recepção de autoridades, de seguir uma estrita ordem de precedência, algo que se faz necessário com a presença de representantes dos três níveis de governo e delegações estrangeiras em suas solenidades.

SÍMBOLOS NACIONAIS

A lei que regulamenta os símbolos nacionais é a 5.700 de setembro de 1971, acrescida da lei 12.157 de 23/12/2009 e do decreto 7.419 de 31/12/2010. Temos como símbolos nacionais o Hino Nacional, a Bandeira, as Armas, o Selo Nacional e as cores.

O Hino Nacional

O Hino Nacional será executado após o presidente ter tomado o lugar em que deverá permanecer. O Hino Nacional, quando só instrumentado, não é repetido; somente será repetido quando for cantado, para que os versos da segunda parte também possam ser cantados. Ele só é executado em continência para a Bandeira Nacional, ou em cerimônias de caráter militar. O Hino Nacional pode ser executado em todas as sessões cívicas, mas essa é uma prática optativa. Quando um hino estrangeiro tiver que ser executado, terá a prioridade por questão de cortesia, seguido pelo Hino Nacional.

A letra do hino foi composta por Joaquim Osório Duque Estrada, e com música de Francisco Manoel da Silva, conforme o decreto n° 117 de 20 de janeiro de 1890.

A Bandeira Nacional

Ela pode ser hasteada em mastro ou adriça, deve ficar em lugar de honra e onde possa ter a devida deferência.

A Bandeira pode ser reproduzida em paredes, quadros, carros, pode ser usada para compor panóplias, ou seja, compor com demais bandeiras ou símbolos um quadro.

A Bandeira é hasteada diariamente em repartições públicas e órgãos governamentais, seja de nível municipal, estadual ou federal. É obrigatório seu hasteamento em dias de festa ou de luto em todas as repartições públicas, estabelecimentos de ensino e sindicatos.

Ela pode ser hasteada e arriada a qualquer hora do dia ou da noite. No dia da Bandeira ela é necessariamente hasteada ao meio-dia com uma solenidade especial. À noite ela deve estar devidamente iluminada.

Nas escolas, tanto públicas quanto privadas, a Bandeira é obrigatoriamente hasteada pelo menos uma vez por semana.

Quando decretado o luto, a Bandeira é hasteada a meio mastro, sendo elevada primeiramente até o tope para depois descer a meio mastro. Isso deve ser feito em todas as repartições e órgãos públicos.

A Bandeira sempre fica em lugar de destaque, ou à frente em desfiles ou nos dispositivos de bandeiras à direita, e com seu orador ao lado.

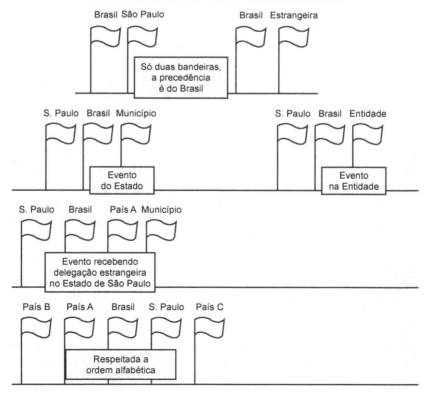

MONTAGEM DOS DISPOSITIVOS DE BANDEIRAS

No caso de haver bandeiras estrangeiras, elas serão colocadas em ordem alfabética conforme o nosso idioma. Caso haja uma bandeira estadual, esta virá imediatamente após a primeira bandeira estrangeira, precedendo as demais estrangeiras.

A bandeira que permanece sempre hasteada deve ser trocada uma vez por mês. A troca deve ser efetuada da seguinte forma: primeiramente hastea-se a nova bandeira para depois descer a bandeira antiga. Quando temos várias bandeiras que devem ser arriadas, a Bandeira Nacional é a última a ser arriada (Lei nº 5.700, de 1 de setembro de 1971).

Empresas ou locais de eventos que costumam ter bandeiras devem seguir o mesmo cerimonial que o oficial, por tratar-se de um símbolo nacional. Caso a Bandeira Nacional esteja junto a outras, como, por exemplo, a bandeira da cidade ou do estado, ela deverá estar sempre no centro, em dispositivos ímpares, ou mais próxima dele em dispositivos pares, à direita do centro. Faz-se obrigatório o hasteamento da bandeira do Mercosul em todos os órgãos públicos (Lei nº 12.157 de 23 de dezembro de 2009).

Armas Nacionais

São obrigatoriamente usadas no Palácio do Governo e na residência do Presidente, nos ministérios, no Congresso, nos Tribunais de Justiça, nas prefeituras e Câmaras Municipais, repartições públicas, nos quartéis militares, nas escolas públicas.

Além disso, nos papéis oficiais, convites e publicações oficiais de nível federal.

Cores Nacionais

As cores nacionais são o verde e o amarelo nos tons da bandeira nacional, podendo ser compostas com o azul e branco. Podem ser utilizadas sem nenhuma restrição.

Selo Nacional

É usado para autenticar atos do governo, diplomas e certificados expedidos por estabelecimentos de ensino, oficiais ou reconhecidos.

Comunicação

APRESENTAÇÕES

Sempre se apresenta a pessoa menos importante para a mais importante. Ex: Sr. Presidente, este é o gerente.

Quando as pessoas estão hierarquicamente no mesmo nível, as mais jovens são apresentadas às mais velhas. E o homem é apresentado à mulher.

Quando se recebe algum visitante de fora da empresa, o pessoal deve ser apresentado a ele com uma deferência. Ex: Sr. Fujimoto, este é Carlos, nosso gerente de vendas.

No caso das secretárias, quando elas participam de uma reunião ou permanecem por algum tempo, devem ser apresentadas ao visitante, porém devem cumprimentá-los com um gesto de cabeça ou um bom-dia, sem dar a mão.

O aperto de mão deve ser firme, mas não a ponto de machucar os dedos da pessoa; mão mole denota pouco caso.

Na apresentação espera-se que a pessoa mais importante estenda a mão a quem está sendo apresentado.

Apresenta-se um novo funcionário aos demais.

Ao receber um superior, levante.

Ao receber alguém de fora para uma reunião, só se deve levantar para despedidas.

A troca de cartões geralmente é feita no final da reunião mas, devido ao costume dos japoneses, já admite-se que se entregue os cartões nas apresentações.

Quando esquecer o nome de alguém, conserte a situação perguntando: "por favor, poderia me dizer seu nome completo?"; assim não lhe causará constrangimentos.

O marido apresenta "minha mulher". Nós apresentamos "sua esposa". A mulher apresenta "meu marido" e nós apresentamos "seu esposo" ou "marido".

CONVERSAÇÃO

É interessante ter alguns dados sobre a pessoa com quem se terá a reunião.

Tratando-se de estrangeiros, é preciso conhecer alguns hábitos de seu país de origem; é como se conquista, às vezes, um cliente e ganha-se pontos na diplomacia.

Algumas amenidades podem ser ditas no começo da conversação, contanto que não se estendam demais, já que tempo é dinheiro. Saber ouvir e não interromper as pessoas é um ato de boa educação; não devemos nos estender demais sobre um assunto, pois corremos o risco de nos tornarmos enfadonhos.

O que não se deve fazer:

– Interromper para contradizer e não deixar os demais terminarem sua linha de pensamento.

– Irritar-se por não concordar com uma opinião.

– Elevar o tom de voz para impor seu ponto de vista.

– Falar com as mãos e segurar as pessoas com quem se fala pelos braços ou de outra maneira qualquer.

– Deixar de estar atento à conversação.

– Ser muito calado, pois isso dificulta a conversação.

– Falar mal de pessoas.

– Ser franco sem medidas. Tome cuidado com a franqueza.

– Insistir em assuntos que a pessoa queira evitar, seja de ordem pessoal ou profissional.

– Ser bajulador; o que é desagradável.
– Confidenciar assuntos pessoais ou de trabalho com pessoas que trabalham com você.
– Insistir nas desculpas caso cometa alguma gafe.

Não é preciso nem dizer que palavrões, expressões grosseiras e gírias não cabem em nenhuma ocasião; em nenhum lugar.

Por outro lado, palavras pomposas e de pouco uso, que às vezes nem sabemos exatamente o que significam, também não devem ser usadas.

Expressar-se com clareza e pronunciar corretamente as palavras provocará sempre uma boa impressão.

Importante: ao falar uma língua estrangeira, esteja certo que todos o entenderão, mesmo que seja por meio de um intérprete.

Falar alto para sobressair-se não é a melhor maneira de conseguir o intento. Evitar cacofonias como "A vez passada..." ou expressões como "aí" e "né".

CONVITES

Um convite comercial é diferente de um particular.

"Save the Date" quer dizer "reserve a data"; é um lembrete que o convite será enviado depois, serve para que o convidado em questão faça o pré-agendamento para comparecer ao evento. Pode fazer parte de uma estratégia para o lançamento de um produto e é enviado por fax ou por e-mail.

Amostra de um convite básico de uma empresa:

A Empresa Acme, através de seu presidente sr. Fulano,
tem a honra de convidar

Sr. João da Silva

para o almoço de inauguração de sua nova sede e Show Room, onde contará com a presença do cientista econômico sr. Beltrano, que proferirá uma palestra.

Dia: 12/08/2010
Local: Buffet Rosa Rosarum
End.: Rua Francisco Leitão, 400
Pinheiros – São Paulo
Manobristas no local

Horário: 12 h
Confirmar presença com Kátia

Fone/fax (11) 9999-9999
Traje Passeio

Amostra de um convite social:

Frederico de Souza
Gumercinda de Souza

João dos Santos
Natália dos Santos

Têm a honra de convidar para o casamento de seus filhos

Inácia   **Romão**

A realizar-se dia dezessete de outubro de dois mil e dois às vinte horas, na Paróquia de São Geraldo, à rua Monte Alegre, 123 – Perdizes – São Paulo
Após a cerimônia, os noivos terão prazer em recebê-los na Mansão França à avenida Angélica, 754 – Higienópolis

Av. Sumaré, 35
São Paulo – SP – 05527-000

Rua Frei Caneca, 1240
São Paulo – SP – 01327-000

R.S.V.P (11) 3525-9899 srta. Cleide

Manuscrever o nome do convidado no corpo do convite profissional e no envelope é de bom-tom e serve como identificação do convidado, pois podemos solicitar a apresentação do convite na recepção do evento. Assim, mesmo se o envelope for extraviado, o convidado terá como identificar-se. Para convites sociais, utilizamos somente o nome dos convidados manuscrito no envelope do convite.

O "Press Kit" (material fornecido aos jornalistas relatando o evento) não é enviado com o convite.

Cartões de agradecimento padronizados pela empresa podem conter uma mensagem manuscrita. O cliente sente-se especial com esse tipo de deferência.

Convites para autoridades devem ser feitos em forma de ofício.

Uma mulher separada oficialmente recebe o convite em seu nome e pode ser extensivo à família, no caso os filhos. Se houver uma pessoa idosa como mãe ou um filho separado morando junto com os pais, deverá ter um convite emitido separadamente, baseando-se em que as pessoas constituem famílias distintas.

Médicos, advogados, engenheiros ou qualquer outro profissional liberal não devem receber um convite social com o seu cargo escrito antes de seu nome. Em casos especiais, quando o evento é profissional, deve-se incluir o respectivo título, como doutor, professor, meritíssimo etc.

Essa questão de emissão de convites sempre gera dúvidas. Aos profissionais que costumam ter este tipo de tarefa, é aconselhável ter um bom livro de etiqueta para eventuais consultas.

DISCURSOS

Quando falamos em discurso, reportamos nossas ideias àqueles monólogos sem fim, em que a maioria das pessoas nem sequer sabe o tema do mesmo.

Não há, no entanto, norma para a duração dos discursos. A maioria deles são longos porque são mal-elaborados, pois quando o discurso e o orador são realmente bons, a plateia presta atenção e nem percebe o tempo passar.

Infelizmente, deparar com discursos longos e enfadonhos é mais comum do que gostaríamos. Já que não há muito a fazer nesse sentido, o que nos interessa é a ordem de chamamento dos oradores para proferirem os discursos.

O anfitrião faz o discurso de abertura da solenidade, podendo ser seguido de um representante do governo ou de uma entidade de classe para exaltar um homenageado, se for o caso. Logo após, o homenageado segue com seu próprio discurso de agradecimentos e essa parte está encerrada.

A precedência nos discursos ocorre em ordem inversa quando se trata de personalidades, principalmente aquelas ligadas a algum nível do governo. O mais importante dos oradores fará seu discurso em último lugar, ressalva feita quando o Presidente da República comparecer a um evento. Nesse caso ele presidirá a solenidade, procedendo na maior parte das vezes com a saudação a todos, enaltecendo o evento e passando imediatamente a palavra ao anfitrião.

Toda a dinâmica dos discursos deve ser comunicada com antecedência para evitar transtornos e mal-entendidos, inclusive porque os discursantes devem estar todos próximos ou em uma mesa de honra. Caso o evento não comporte uma mesa de honra, eles devem estar sentados em auditório, na primeira fila, para que ao serem chamados ao palco não tenham que percorrer um longo caminho.

Discursos proferidos em outros idiomas necessitam de tradução simultânea. Os organizadores do evento devem providenciar os tradutores e o sistema de áudio com fones de ouvidos para os participantes e convidados que tenham necessidade.

Esquema básico para a escrita de um discurso:
1) Tema ou mote, afirmação, frase de impacto.
2) Desenvolvimento sobre o tema, o mais importante é centrar-se somente em um tema e não começar a divagar sobre outras coisas.
3) Conclusão ou fechamento do discurso, afirmando e concluindo a frase inicial do discurso.

Note que, com esse esquema, temos a estrutura básica de uma tese, a justificativa e a conclusão. Nada mais lógico e objetivo, logo não devemos elaborar discursos longos; eles são monótonos e pouco aproveitados pelos ouvintes. Três a cinco minutos costuma ser o tempo ideal de discursos.

Quando um evento possui uma assessoria de imprensa, podemos solicitar que ela elabore os discursos.

FAX

Deve ser antecedido da carta resumo, ou seja, de quem e para quem; especifica-se a empresa, departamento etc.

Tem linguagem clara e objetiva, não tem o formato de carta comercial, dispensa as formalidades como "prezado senhor(a)", cabeçalhos.

Confirmar o recebimento com um telefonema para a pessoa a quem enviamos o fax é a medida mais segura. É utilizado para o "save the date".

E-MAIL

Qualquer arquivo deve ser enviado como anexo e não no corpo da mensagem. Para a mensagem escrevemos somente o estritamente necessário.

IMPRENSA

Em eventos de porte na empresa, a imprensa deverá ser informada, principalmente tratando-se de um lançamento de produto.

O convite deve ser feito de modo que os jornalistas tenham ideia do que se trata o evento; para isso são elaborados *releases*, que nada mais são do que notas de aproximadamente uma lauda comunicando dados sobre o evento – dia, local, hora, promotores e tema. Os "Press kits", material completo sobre a cobertura do evento, com fotos e até transcrição dos discursos, só deverão ser entregues no dia do evento. Caso algum jornalista não compareça, os "Press Kits" deverão ser enviados, posteriormente, à redação.

Não é aconselhável "grudar" no jornalista o tempo todo, pois, assim, o impedirá de observar o evento. O Cerimonial estabelece a identidade do evento que deverá ser transmitido para o assessor de imprensa e, quando há, para o Relações Públicas.

MESTRE DE CERIMÔNIA

Pessoa encarregada do programa do evento. O mestre de cerimônia deve ser uma pessoa que tenha as seguintes características:

– Boa dicção e bom timbre de voz.

– Traquejo para saber falar e tomar iniciativa; ter o domínio de palco.

– Estar bem informado a respeito do evento e estar informado sobre seus participantes, tanto pessoas quanto empresas.

– Ter boa aparência.

– Vestir traje adequado.

Damos, muitas vezes, preferência a locutores de rádio ou então jornalistas e comentaristas de TV, por terem experiência nos improvisos e boa voz.

O chefe de cerimonial, juntamente com a assessoria de imprensa, se houver, devem passar o programa do evento pelo menos um dia antes para o mestre de cerimônia, a fim de que ele se familiarize com a programação e possa efetuar pesquisas sobre os participantes, se necessário. Não é incomum a própria assessoria de imprensa ou o chefe de cerimonial passar este tipo de informação. A cada profissional cabe ter seu próprio estilo.

Exemplo de estrutura de um programa:

Esperar o último acorde da marcha	Boa noite senhoras e senhores, estamos comemorando o quinquagésimo aniversário da empresa Tal, que através de seu presidente, sr. Fulano, agradece as presenças de Tal, Tal e Tal. Ouviremos agora o Hino Nacional interpretado pelo coral do Estado.
Termina o hino	Chamo neste momento o sr. Fulano para seu discurso.
Termina a música	Gostaríamos de agradecer a presença de todos.

O RECEPTIVO

Sempre surgem dúvidas sobre quem deve ficar perfilado à entrada para receber os convidados. Esclarecendo essa dúvida, podemos dizer que sempre são os anfitriões. Se por acaso tratar-se de uma homenagem, o homenageado pode e deve ficar também junto àqueles que oferecem a homenagem na recepção, porém, se tratar-se de uma figura ilustre como um chefe de Estado ou ministro ou mesmo um representante do alto clero, ele não deve ficar na recepção, cabendo o papel apenas aos promotores do evento.

Em um evento de caráter social, como casamentos, batizados, festas de debutantes, os pais dos noivos ou irmãos recepcionam; no caso de debutantes elas com os pais. Quando a recepção se der em um buffet, é interessante que a brigada fique à esquerda da entrada e os anfitriões fiquem à direita recebendo os convidados.

O uso de recepcionistas não isenta o anfitrião de participar do receptivo. Caso seja um evento com uma quantidade de convidados muito grande, ele pode ficar somente perto da entrada, a fim de cumprimentar os convidados em sua chegada, encarregando, assim, os recepcionistas da função de determinar lugares marcados ou distribuir materiais relativos ao evento.

TELEGRAMAS

Devem ser enviados em ocasiões como o não comparecimento a um evento como casamento, funeral etc., congratulações ou parabenizações.

Comunicação urgente não se usa mais devido ao e-mail, mas utilizamos para correspondências que tenham uma função de documento.

O telegrama pode ser aberto assim que se recebe. Caso esteja com outras pessoas, pede-se licença, pois o caráter do telegrama pode ser de urgência.

TRATAMENTOS

Embaixadores: precedidos de senhor mais o cargo (embaixador); para a mulher, somente embaixatriz.

Ministros: precedidos ou não de senhor.

Ao Presidente da República dizemos Vossa Excelência ou senhor presidente, o mesmo ocorrendo com governadores e prefeitos.

Reitores de universidades: magnífico reitor.

Escritores: mestre.

Políticos: pelo cargo. Ex.: deputado, senador etc.

Religiosos: os cardeais são chamados de eminência, o Papa é chamado de Sua Santidade, o vigário é Reverendíssimo e o monsenhor, pelo sobrenome.

"Doutor" chama-se apenas aos médicos e aos que possuem doutorado.

Nobres são chamados pelo título, sem o senhor ou senhora antecedido.

ALGUNS ROTEIROS DE SOLENIDADES PÚBLICAS

Em eventos oficiais, temos basicamente a seguinte ordem de solenidade:

1. Composição da mesa de honra.
2. Apresentação de homenageados e outros.
3. Execução do Hino Nacional.
4. Abertura pelo presidente da mesa.
5. Discursos por precedência (mais importante fala por último).
6. Encerramento da solenidade pelo presidente da mesa.

EM POSSES DE VEREADORES

1. Vereador mais idoso ou mais votado preside a sessão solene.
2. Apresentação dos diplomas dos vereadores eleitos.
3. Todos em pé prestam juramento acompanhando as palavras do presidente da sessão.
4. Os vereadores assinam o Termo de Posse.
5. As chapas são constituídas para a escolha dos dirigentes da Mesa.
6. Eleição da Mesa Diretora.
7. Posse dos dirigentes da Mesa.
8. O presidente eleito segue com a pauta.

EM POSSE DE PREFEITOS E VICE-PREFEITOS

1. Quem convida é o prefeito ou o presidente da Câmara.
2. Forma-se a mesa com o prefeito ao centro.
3. O mestre de cerimônia lê um breve currículo do empossado.
4. Assinatura do Termo de Posse.
5. Pronunciamento do empossado (prefeito).
6. Cumprimentos.
7. Coquetel ou vin d'honneur (optativo).

Tipologia de eventos

EVENTOS SOCIAIS

São eventos sem caráter comercial, promovidos por empresas ou por pessoas físicas. Podem ser casamentos, batizados, noivados, festas de debutantes etc. Esses eventos são geralmente iniciados com uma cerimônia religiosa e seguidos de recepção, que pode ser almoço, jantar, coquetel ou, no caso dos casamentos, bolo e champagne.

As empresas ou entidades de classe promovem eventos sociais com o intuito de confraternização, logo encontramos esse tipo de evento em todos os segmentos e atividades. É comum estarem incluídos na programação de congressos ou feiras.

EVENTOS PROFISSIONAIS

São eventos de caráter comercial, que podem visar ao lucro ou não. Promovidos por empresas ou entidades, trabalham principalmente a imagem da empresa ou instituição. São as convenções, feiras e mostras, entre outros. A abertura dos trabalhos ou do evento propriamente dito é feita pelos organizadores ou por um mestre de cerimônia. Quando há convidados especiais, é necessário que se organize uma mesa de honra, obedecendo uma ordem de precedência pela importância dos participantes e, se forem autoridades representativas de governos ou clero, é preciso consultar a Ordem Geral de Precedências, em que prevalece a precedência Federal, de acordo com o Decreto 70.274.

EVENTOS MISTOS

São eventos que possuem tanto um caráter comercial ou institucional como um caráter social, como, por exemplo, uma confraternização após uma convenção, que pode ser um almoço ou jantar, ou então um coquetel de boas-vindas a um congresso, ou mesmo um jantar em comemoração a uma inauguração de fábrica. Podemos observar que na prática os eventos são, em sua maioria, mistos. Para esclarecer a recepção que segue o evento, esta sempre deve estar mencionada no convite ou programa do evento.

Pode ser considerado também evento misto aquele promovido por empresas ou entidades de classe, clubes com a participação na promoção do referido evento com apoio ou patrocínio de algum nível do governo, tendo alguma autoridade presente.

EVENTOS TÉCNICO-CIENTÍFICOS

São eventos ligados a áreas específicas, geralmente congressos e encontros, feiras técnicas, conferências, seminários, mesas-redondas, simpósios, palestras e todos os eventos em que informações técnico-científicas serão abordadas.

EVENTOS CORPORATIVOS OU EMPRESARIAIS

Esses eventos estão ligados à área de negócios em geral, como convenções, lançamentos de produtos, eventos proprietários ou *naming rights*. Podem ter como objetivo uma reciclagem, demonstração de resultados da empresa ou apresentação de metas e programas de incentivo para funcionários; também podem ter o objetivo de divulgar a marca como no caso dos eventos proprietários.

EVENTOS ARTÍSTICOS

Consideramos eventos artísticos todos os tipos de shows, assim como o teatro, sendo este último um tipo de evento que pode ser catalogado como artístico ou cultural.

EVENTOS CULTURAIS

Temos desde os certames escolares até as exposições e feiras de arte, apresentações de folclore, entre outros. Temos que ter cuidado e critério ao catalogar um evento como artístico, pois seus promotores podem ter interesse financeiro, em especial que sejam assim designados para utilizarem os privilégios da Lei Rouanet, de incentivo à cultura.

EVENTOS RELIGIOSOS

São eventos totalmente ligados à liturgia religiosa. Pode até haver uma parte do evento que seja social, porém o motivo maior será sempre o caráter religioso.

RECEPÇÕES OFICIAIS

TIPOLOGIA

Assim como tudo que reza o Protocolo, as recepções também seguem uma dinâmica em que cada tipo de evento corresponde a um modo de recepção. Os tipos de recepção que encontramos em Protocolo destinam-se aos eventos de caráter diplomático, isso não quer dizer que não possamos organizar qualquer desses tipos de recepção em eventos não oficiais.

Os principais tipos de recepção oficial são:

– Vin d'honneur ou recepção na hora do almoço: trata-se de um pequeno coquetel, na realidade mais particularmente um brinde simbólico.

– Almoço com bufê.

– Almoço sentado com lugares marcados.

– Vin d'honneur ou coquetel antes do jantar ou à tarde: quando só ocorre o vin d'honneur, este é uma espécie de happy hour sofisticado e mais rápido.

– Recepção na hora do jantar com bufê.

– Jantar sentado com lugares marcados.

– Baile ou recepção depois do jantar, geralmente organizado em comemorações de posse nos palácios, posse do presidente e de governadores. Não é uma prática costumeira com prefeitos.

As recepções menos formais, como o vin d'honneur na hora do almoço ou jantar, o almoço e jantar com bufê, são usadas nas festas nacionais ou para receber delegações, congressos internacionais ou homenagem a uma comitiva, e para quem não teria condições de participar de eventos mais protocolares.

As recepções do tipo almoço e jantar sentado com lugares marcados são oferecidos em honra a chefes de Estado, altos membros do governo e chefes de missões diplomáticas.

Em recepções de caráter informal, o adequado é um protocolo igualmente menos formal. Isso ocorre quando se tem uma data particular para celebrar, como, por exemplo, o aniversário do presidente, comemorado com seus familiares.

Para organizarmos esse tipo de evento devemos levar alguns aspectos principais em consideração, como o volume de verba destinada ao evento, espaço físico do local, o perfil dos convidados, motivo da comemoração, costumes diplomáticos de quem recebe e de quem é recebido e principalmente o bom-senso.

Começando pelos convites, que devem ser enviados com tempo suficiente para os convidados se prepararem. Para eventos menos formais, o prazo adequado vai de uma semana a quinze dias; para eventos mais formais, um mês de antecedência. O convite deve conter as informações principais, conforme exemplo colocado no capítulo de comunicação no tópico de convites, e quem são os homenageados, além do telefone e nome da pessoa para contato a fim de confirmar a presença no dia do evento.

O que precisamos realmente é fazer um "check list" de todas as necessidades que o evento requer.

É importante que o chefe de cerimonial ou organizador de eventos circule entre os convidados de maneira discreta e observe as eventuais falhas, para que possam ser corrigidas. Quando tratar-se de um evento de embaixada, por exemplo, deve-se entrar em contato com a embaixada ou governo do país homenageado para que não haja mal-entendidos em relação ao protocolo e cerimonial.

Lembrar que a recepção dos convidados à porta é um cerimonial dos mais importantes; a correta posição dos anfitriões faz parte do bom andamento do evento.

No caso da recepção ser para um chefe de Estado, os convidados devem chegar antes dele, pelo menos com meia hora de diferença.

Almoços e jantares sentados devem conter um número razoável de convidados e sempre aos pares, principalmente se forem servidos à francesa.

CLASSIFICAÇÃO DOS EVENTOS

Muitos dos eventos relacionados a seguir caberiam em mais de uma tipologia, no entanto tentei utilizar o máximo de discernimento possível. Essa não é uma catalogação definitiva; o leitor poderá fazer sua própria catalogação.

EVENTOS SOCIAIS

Almoço banquete – trata-se de um evento sentado, ou seja, há mesas para que todos os convidados fiquem sentados e é servido à americana, ou à francesa quando forem poucas pessoas – no máximo 14 –, ou ainda à inglesa direto ou à franco-americano (empratado). O cardápio consta de entrada, prato principal – por ser na hora do almoço optar por carne – e sobremesa. Hoje é muito comum termos uma opção de ave ou peixe, pois o contingente de pessoas que não comem carnes vermelhas é grande. O conceito de banquete modernizou-se. Antigamente ele era caracterizado não só pela quantidade de pratos (no mínimo entrada, prato principal e sobremesa), mas também pelo requinte da mesa e pela escolha dos vinhos, que ainda hoje preservamos, assim como pela quantidade de pessoas que deles participavam, no mínimo 50 pessoas. Hoje conceituamos banquete não pelo número de participantes, mas sim pela quantidade de pratos e requinte na elaboração dos mesmos.

Acompanha vinhos ou champagne, água e, se o cliente/dono da festa assim o desejar, refrigerantes. Ele pode ser precedido de um coquetel que deverá ser servido aos convidados na chegada e em pé, em local diferente do salão de almoço.

Um banquete requer um cerimonial mais elaborado. Dependendo de sua importância, é estratégico e muito conveniente um pequeno coquetel que o anteceda para a confraternização dos convidados. Se houver discursos, shows ou palestras, é preciso que estes sejam divididos em módulos para balancear a refeição com a parte formal do evento. Isso impede que o evento tenha um ciclo descendente, e sim um ciclo bem linear no que se refere à atenção dos convidados e participantes.

Café da manhã – ótimo para negócios, é o tipo de evento fácil de organizar; é rápido, deve ser iniciado entre 8h e 8h30 e não demora mais que duas horas. Pode ser servido direto nas mesas, ou então em forma de bufê americano, em que, além de ser mais fácil o serviço, pode-se oferecer mais opções para os convidados. Deve haver garçons ou copeiras para servir os líquidos, ou então para elaboração de omeletes e panquecas. Servir sucos de frutas, café, leite, chá, chocolate, cereais, pães diversos, geleias, queijos, manteiga, ovos, frios, torradas, biscoitos, frutas frescas e secas.

Os convites podem ser feitos via e-mail ou entregues pessoalmente com três semanas de antecedência.

Os bufês e principalmente os hotéis possuem uma boa estrutura na organização deste tipo de evento.

Por tratar-se de um evento que ocorre em horário especial e por ser rápido, o cerimonial é bastante simples, sendo sempre conveniente que os convidados ao chegarem já se sirvam do café propriamente dito para que depois aconteça o cerimonial. Um fundo musical eletrônico suave deve acompanhar a hora do serviço.

Esse tipo de evento é aconselhável para lançamentos de produtos, pequenas comemorações internas nas empresas, mas também servem para um casamento econômico, cuja cerimônia possa acontecer no próprio local da comemoração e não em um templo.

Brunch – são eventos intermediários entre o almoço e o café da manhã; também são ótimos para eventos de negócios que não exijam o dia de trabalho, porém não se restringem só a eles. É conveniente para batizados e até casamentos, dependendo do horário em que se realiza a cerimônia. O horário é entre 10h e 11h, logo o tipo de cardápio servido também deve ser intermediário, com tudo o que foi descrito acima no café da manhã, mais um ou dois pratos quentes, podendo ter opções de sobremesas. É um tipo de evento mais prolongado do que o café da manhã, interessante para quem não quer ter as despesas de uma almoço, que exige cardápio mais elaborado.

Assim como o café da manhã, os convidados, ao chegarem, já começam a se servir. Por ser um evento mais prolongado, permite um fundo musical mais elaborado que o do café da manhã, que só permite música ambiente; é possível colocar violinos, teclados e outros.

Chás – podem ser realizados para comemorar um aniversário para mulheres ou ter caráter beneficente. Geralmente é realizado entre 16h30 e 17h30 e, além do chá, deve haver café, sucos, água, chocolate quente ou frio. A disposição na mesa é de cada bebida em uma das pontas, sendo o serviço repetido em ambos os lados e os alimentos também. O serviço deve ser de prata; não se costumava usar saquinhos de chá, porém as opções, hoje em dia, são tantas que ficará até simpática a apresentação dos saquinhos em um recipiente de prata ou cristal. Tortas doces, doces, leite, limão, açúcar e adoçante são servidos como acompanhamento. Não devemos servir salgadinhos, nem tortas salgadas; no máximo os sanduíches tipo "fingertips", que são bem pequenos, de pão de forma em várias camadas com algum patê e queijo no recheio.

Se o chá for de caráter beneficente, os convites serão adquiridos por adesão e pode haver um bingo ou sorteios. Então os convites serão numerados. Terão o formato livro, tendo à esquerda a comissão organizadora, assim como patrocínios e apoios, e à direita, dados como horário, data, local etc.

É permitido organizar um chá com lugares marcados. Caso haja discursos e outras atividades, é interessante que sejam feitas após a maior parte do serviço já ter sido realizado.

Café colonial – mais ao gosto dos brasileiros; lembra a época dos bandeirantes em que era colocado à mesa de tudo um pouco, entre salgados e doces.

Coquetel – evento rápido, usado tanto social como profissionalmente, tem horário certo para começar quando não for seguido de jantar. O horário mais indicado para um coquetel de cunho profissional é das 18h às 19h30 ou 20h, pois segue o final do expediente. Já um coquetel social pode começar mais tarde, mas seu tempo de duração é o mesmo. Costuma-se servir salgadinhos frios e quentes, e um coquetel mais elaborado pode ter um prato quente, desde que seja de fácil manipulação, já que os convidados estarão em pé. Os salgados e os pratos quentes podem ser servidos em ilhas de degustação. Esse tipo de coquetel é chamado de "cocktail supper", em que dá-se preferência para as massas; com esse recurso, podemos aumentar a duração do evento. Os salgados e pratos quentes podem ser servidos em ilhas de degustação.

Os anfitriões devem circular o máximo possível para conversarem rapidamente com todos os convidados. Ao término do evento, os anfitriões devem ficar próximos à saída para que os convidados tenham a oportunidade de se despedirem. Uma observação importante: neste tipo de evento, não devemos estender a mão para cumprimentar alguém – um aceno com a cabeça e algumas palavras são suficientes. Precisamos considerar que as pessoas estão em pé, comendo algo com uma das mãos e com a outra segurando um copo, logo, cumprimentar com um aperto de mão não é conveniente, porém, se alguém tomar a iniciativa, devemos retribuir o gesto.

Festas ao ar livre – geralmente churrascos. Nesse caso, é preferível providenciar um churrasqueiro profissional, em função do número de pessoas. As carnes são acompanhadas de saladas verdes. Em um ambiente descontraído, os drinques são cerveja, chope, caipirinha, refrigerantes. Doces e principalmente frutas frescas de sobremesa. O serviço deve ser de louça rústica para acompanhar a descontração do ambiente. Além dos churrascos podemos organizar festas de Réveillon, porém, sempre tomando a precaução, qualquer que seja o evento, de termos disponível um local coberto próximo ao evento para eventuais chuvas e ventos fortes.

Festas beneficentes – são promovidas para angariar fundos, por entidades assistenciais ou iniciativa privada. Os convites são vendidos. O calendário de eventos importantes da cidade deve ser verificado para que não ocorra dois eventos de cunho beneficente no mesmo dia e hora. Esses eventos devem buscar convidados de expressão, para serem noticiados na mídia local. O evento pode ser desde um piquenique até um banquete ou baile. O convite deve conter o nome da comissão organizadora que promove o evento e das pessoas importantes que participarão, com o ticket de adesão anexado.

Festa de debutante – evento que comemora a apresentação das moças para a sociedade quando estas atingem a idade de 15 ou 16 anos. Geralmente é realizado em clubes e salões com mais de uma garota. Trata-se de uma ocasião de gala; a recepção é sempre à noite e na maioria das vezes o traje é a rigor, ou seja, "black tie". Há uma missa e o baile, em que o ponto alto é a valsa que a menina dança com o pai e com o acompanhante que escolheu. Ela geralmente está de branco, no máximo de rosa, e a decoração deve acompanhar. Há uma série de cerimoniais tradicionais que podem ou não ser utilizados, como, por exemplo, a troca do sapato, quando a moça calça na frente dos convidados seu primeiro sapato de salto alto; ou então a troca de roupa – a moça começa o evento com a roupa de debutante até depois da valsa, quando coloca um vestido de baile mais adulto que o de debutante. Outra possibilidade é de ter quinze amigas ou parentes com quinze cadetes da escola militar em seus trajes de gala, ou mesmo quinze amigos, tendo as moças uma vela na mão. A debutante valsando com o pai ou com o padrinho do evento apaga uma vela de cada vez; terminando todas as velas, os quinze casais valsam junto com a debutante.

Jantar banquete – evento em que os convidados ficam todos sentados à mesa e o serviço pode ser igual ao almoço banquete. Segue o mesmo tipo de cardápio do almoço, com a ressalva de que o prato principal deve ser uma ave de caça ou doméstica, ou mesmo peixe; por ser uma refeição noturna devemos evitar as carnes vermelhas. Os vinhos e champagne devem ser servidos e a ressalva sobre os refrigerantes continua a mesma do almoço.

Noivado – os pais da noiva oferecem a festa de noivado. O local pode ser a própria residência da noiva, salão, bufê, ou restaurante. O melhor tipo de evento para essa ocasião é o coquetel. O convite pode ser impresso ou manuscrito. O anel de noivado e as alianças são colocados durante a recepção na frente dos convidados. O mais importante é a formalização do pedido, e após a troca de anéis ocorre o brinde.

Open house – geralmente entre 15h e 19h, tem características de coquetel e o convite é informal, ao vivo ou telefone, porém o anfitrião deve ter uma estimativa da quantidade de pessoas que comparecerão. É comum promover esse tipo de evento para inaugurar uma nova residência ou então no domingo de Páscoa ou tardes de Natal.

EVENTOS PROFISSIONAIS
Coffee break – serviço de cafezinhos sofisticado, que acontece nos intervalos de reuniões, cursos, palestras e outros tipos de eventos

que exigem dos participantes ficar sentados por algum tempo. Normalmente é servido o café, água, sucos, biscoitos e bolachas e pequenos sanduíches. O mais importante é preocupar-se em oferecer produtos fáceis de serem consumidos; se embalados, que as embalagens sejam pequenas e individuais, pois o tempo é curto, em média 15 minutos. Os fornecedores de coffee breaks devem usar a imaginação para diversificar o trabalho.

Colóquio – é uma expressão usada para definir uma reunião fechada, com pauta aprovada e temário definido. Os dirigentes orientam os debates e o programa de funcionamento de acordo com a pauta. São sempre reuniões de negócios; geralmente ocorrem em empresas de capital aberto, em que os principais acionistas participam e votam de acordo com a pauta. Quem inicia a reunião é o dirigente principal ou alguém nomeado por ele.

Cursos – são encontros de pessoas com um interesse comum de aprender um determinado conteúdo. No que se refere ao cerimonial de um curso, é recomendado que ele se inicie com a apresentação, pela coordenadoria do curso, do profissional que irá ministrá-lo – basta um breve currículo. Logo a seguir é passada a palavra a ele, que faz uma saudação, cita as peculiaridades do curso e em seguida solicita que todos se apresentem com o nome, atividade que exercem e algumas vezes formação escolar. Infelizmente, nem sempre isso ocorre. Posso salientar, como docente de vários cursos, que sem esse início as coisas ficam muitas vezes desagradáveis e o professor é visto com antipatia.

Desfiles – é um tipo de evento que visa mostrar algo. Temos vários tipos de desfiles: o de misses, de moda, do exército, escolas de samba, clubes e outros. O mais importante nesse tipo de cerimonial (com exceção dos desfiles militares, que têm procedimentos distintos dos demais) é justamente mostrar o que precisa ser mostrado. Se for um desfile de moda, há um mestre de cerimônia explicando características da coleção e os modelos desfilam os trajes descritos. Em desfiles de clubes, há alas formadas por equipes esportivas, funcionários, diretores, presidentes, atletas e por aí afora. Posso afirmar que esse tipo de evento é de extrema emoção; já tive a oportunidade de organizar desfiles de moda no início de minha carreira e também desfiles comemorativos de clubes e entidades: a pompa e felicidade dos promotores e participantes são extremamente contagiantes. Desfiles de misses são geralmente mais um concurso que um desfile propriamente dito, pois há um júri, um regulamento e uma premiação.

Leilões – é uma venda pública de objetos, animais, imóveis e outros bens, por meio de lances. Os leilões podem ser até de mercadorias apreendidas, mas sobre estes não vamos falar; os demais possuem seu charme. Os objetos e bens em geral são catalogados por especialistas e são denominados de lotes. Há um lance mínimo indicado pelo próprio leiloeiro, que deve ser um profissional competente, pois abrilhantará o evento. Os interessados nos lotes vão fazendo seus lances. É um evento em que seus participantes permanecem sentados, mas um pequeno coquetel é passado com canapés, vinhos ou champagne.

Visitas institucionais – trata-se das visitas que são realizadas em uma empresa ou instituição, a fim de desenvolver seu marketing. Esse tipo de visita ocorre em ocasiões específicas, quando se tem algo para mostrar. No caso de empresas pode ser uma linha de produtos nova, ou montagem de "show rooms", coleções, novos maquinários, e, no caso de uma instituição, podem ser trabalhos efetuados ou as próprias instalações. Sempre há um motivo e as visitas são sempre orientadas por um relações públicas, ou mesmo por um chefe de cerimonial, juntamente com uma assessoria de imprensa, que pode estar presente ou simplesmente elaborar o material de divulgação.

EVENTOS MISTOS

Condecorações – Existem vários tipos de condecorações, mas podemos resumi-las em condecorações civis e militares. Nas civis são agraciadas pessoas que possuem títulos de nobreza ou que prestaram serviços relevantes ao país e à sociedade. As militares somente dirigem-se a militares com feitos que se destacam. Existem ainda condecorações especiais para chefes de Estado. Geralmente estrangeiros recebem condecorações especiais. A utilização dessas condecorações seguem um Protocolo descrito em vários decretos, como o de n° 40.556, condecorações em uniformes militares.

As condecorações são colocadas em sessões solenes e seus agraciados serão chamados por uma ordem de precedência relativa à situação – militares, nobres e estrangeiros.

EVENTOS OFICIAIS

É preciso sempre consultar as normas de precedência do cerimonial do Itamaraty. Importante é saber que pessoas ligadas à mesma categoria e com o mesmo grau de poder não devem, muitas vezes, ser convidadas para o mesmo evento – homenagear deputados de partidos diferentes, por exemplo.

AUTORIDADES EM EVENTOS NÃO OFICIAIS

Quando do comparecimento de autoridades, principalmente ligadas ao nosso governo ou qualquer governo, devemos primeiramente saber qual a importância que ela tem na escala hierárquica. Depois de verificado, consultamos a pessoa ou instituição que promove o evento, se irá fazer alusão ao comparecimento dessa autoridade.

Contando com a presença de alguém ligado ao governo, seja de qualquer lugar ou qualquer nível de governo, faz-se necessário o contato com a chefia de cerimonial, que realiza os serviços para tal autoridade, a fim de colocar à disposição do mesmo o programa do evento e qual a participação específica de tal autoridade no transcorrer do evento (quando fará algum discurso, com quem irá sentar-se etc.)

Homenagens e premiações – geralmente este tipo de evento possui uma solenidade e a seguir ocorre um banquete; as pessoas em questão deverão ser avisadas e posicionadas estrategicamente. Caso o homenageado não tenha comparecido, citar seu nome no final da cerimônia. A primeira homenagem será feita para a pessoa hierarquicamente inferior ou o prêmio de menor valor, e assim por diante, seguindo a ordem de precedência. Como nos discursos, o prêmio ou homenagem maior é citado e entregue por último; o homenageado não pode ser substituído por outro a não ser em homenagens póstumas. O homenageado deverá recepcionar os convidados.

Inauguração – apresentação ao público, específico ou não, de um novo estabelecimento ou sede.

Pode haver um descerramento de placa comemorativa, corte ou desenlace de fita. O discurso deve anteceder esses procedimentos, e caso haja mais de um discurso eles devem seguir a ordem de precedência. Geralmente é oferecido um coquetel, almoço ou jantar na sequência do evento. Esse tipo de cerimonial pode variar de acordo com o tipo de empresa que irá promover este evento. Já tive a oportunidade de desenvolver um cerimonial para uma empresa estrangeira, em que foi trabalhado um conceito de misturar rituais do país de origem da empresa com nossos costumes. Foi uma experiência profissional das mais ricas. Uma das vantagens dessa profissão é estar sempre em contato com novas informações sobre costumes e história dos povos.

Posses – cada entidade possui seu código de protocolo para realizar uma posse, seja no governo, na posse da reitoria de uma universidade, de um clube, uma entidade de classe e assim por diante.

O principal é que o empossado receba, de preferência das mãos de seu antecessor, um documento que ele assinará, um compromisso que poderá ser lido pelo empossado ou por um assistente no evento. Nessa ordem, o empossado fará seu discurso de posse e logo após cede a palavra para seu antecessor, que fará seu discurso em forma de relatório de feitos durante sua gestão. É normal que o empossado, nesse caso, elogie seu antecessor. Caso o antecessor não compareça à posse, ela será direta, com a leitura do documento de obrigações, sua assinatura e o discurso de agradecimentos do empossado. Existe uma modalidade menos formal, que pode ocorrer quando os cargos não são de alto escalão no governo ou em empresas privadas, que é chamado de Transferência de Posse. São menos formalidades: o documento é assinado na presença de alguns convidados, tratando-se de um corpo diretivo completo; somente seu representante fará um discurso em nome de todos.

Pedra fundamental (marca o início de uma obra)

Cerimonial – no local onde será erigido o edifício ou empreendimento, faz-se uma caixa de concreto forrada de metal ou de madeira, os convidados ficam em volta da caixa. Na caixa são colocados objetos da época e periódicos, algo que marque a época em que estará sendo feito o evento. Geralmente é colocado um documento, originalmente em pergaminho explicando o porquê da obra. O dono ou responsável assina o documento diante de todos que é colocado na caixa e imediatamente a caixa é lacrada. Há discursos das autoridades presentes respeitando-se a precedência oficial.

EVENTOS TÉCNICO-CIENTÍFICOS

Ciclo de palestras – série de palestras pronunciadas por especialistas, sempre com um tema específico.

É menos formal que uma conferência, justamente pela formação do palestrante que, no caso, é um especialista. O grupo que compõe a plateia já possui conhecimento sobre o assunto. Há perguntas no decorrer ou no final da apresentação e temos um moderador que coordena o tempo.

Conferências – um grupo de pessoas que têm interesse específico sobre um tema, com o objetivo de conhecer fatos e discutir soluções para problemas comuns.

Um conferencista, que é uma autoridade no assunto da conferência, expõe um assunto e no final da exposição a plateia participa com perguntas. Há um coordenador que irá conduzir os trabalhos – dá a palavra ao conferencista, cronometra o tempo de sua exposição e orienta a ordem das perguntas da plateia.

Congressos – são eventos de caráter técnico-científico, promovidos geralmente por entidades associativas. A finalidade é reunir profissionais ou interessados sobre determinada área ou assunto. Talvez um congresso seja o tipo de evento mais completo e complexo que existe, pois nele está contido um grande número de outros eventos de vários tipos, como seminários, simpósios, conferências, feiras, coquetéis, banquetes e até homenagens. Sua complexidade exige um tempo muito maior que os demais eventos para ser organizado.

Seu cerimonial basicamente consiste em um coquetel de boas-vindas para agregar os grupos e confraternizar os participantes, e na parte operacional permitir inscrições de última hora. Logo após, há a solenidade de abertura oficial do evento com discursos do presidente da entidade, que cita mais algumas autoridades nacionais e internacionais convidadas, como também representantes do governo nos três níveis da área em questão. A partir daí os trabalhos são iniciados.

O encerramento do evento dá-se novamente com uma sessão solene, em que são citados os temas dos anais a serem publicados, mais agradecimentos. Um jantar ou almoço de despedida é realizado. É importante salientar que congressos são grandes eventos com uma quantidade grande de participantes. Um congresso menor tem o nome de "Encontro".

Fórum – debate livre, em que não há condições de serem realizados eventos paralelos, pois o acesso de pessoas é livre e não é possível estimar o público participante.

Os fóruns são sempre voltados para uma comunidade, e os assuntos debatidos são específicos de interesse deles. No que se refere ao cerimonial, é bastante ativo nesse tipo de evento, já que se conta com a participação de autoridades muitas vezes dos três níveis. Existe um dispositivo de bandeiras, a execução do hino nacional, uma ordem de discursos para ser organizada e a própria pauta do evento, além do atendimento à imprensa, montagem de receptivo, sala vip e outros. Tem um cerimonial bem complexo.

Como já tive a oportunidade de organizar o cerimonial de um fórum de uma cidade da Grande São Paulo, posso dizer que a maior preocupação é justamente com a quantidade de público que irá comparecer, principalmente quando há a presença de autoridade importante do governo ou até internacional. O receio é não ter uma plateia que condiga com a importância do discursante.

Mesa-redonda – uma reunião de pessoas com conhecimento técnico específico que debatem sobre um tema.

Um coordenador conduz os trabalhos determinando o tempo de cada um falar e, no final, apresentando as perguntas da plateia. Os participantes debatem entre si e com a plateia também. Eles sentam-se, na verdade, em semicírculo, para interagir com a plateia.

Painel – é um evento estruturado como uma mesa-redonda, mas difere em relação à plateia, que não interage com perguntas aos participantes; a plateia somente assiste e os participantes da mesa debatem entre si, com tempo determinado pelo coordenador. O cerimonial desse evento consta da apresentação dos participantes com nome e breve currículo e explanação do tema pelo coordenador. Pode haver após a discussão uma pequena confraternização entre todos os participantes.

Reunião – são reuniões em que um pequeno grupo participa, para tomadas de decisão, análise de resultados, entre outros. Ocorre sempre em congressos para discutir-se o que será publicado nos anais e assim por diante. O cerimonial desse tipo de evento é bastante simples e lógico, como todo cerimonial deve ser. Há uma pauta de discussão e existe um presidente da reunião, que se apresenta e saúda a todos e, se necessário, apresenta os participantes entre si. É um encontro que deve gerar algum resultado.

Semana – reunião de pessoas com mesmo interesse ou profissão, que participam, durante um período de dias, de palestras, conferências e outros. Muito semelhante a um congresso, só difere por não ter obrigatoriamente um caráter técnico-científico, podendo atender outras áreas de interesse como esportes, artes etc. O cerimonial consta de uma abertura e encerramento, assim como se procede em um congresso.

Seminário – exposição de um assunto de maneira ordenada, com participantes que conhecem o assunto. É dividido em exposição, discussão e conclusão; são também oferecidos "coffee breaks" e almoços.

Na realidade, os seminários são exatamente aquelas famosas aulas que éramos obrigados a elaborar e apresentar em nossa época de escola, em que ficávamos nervosos e pedíamos para nossos colegas não fazerem perguntas. Esse tipo de evento cabe muito bem em congressos. Seu cerimonial consta basicamente da apresentação do expositor do assunto, geralmente o responsável pela promoção do evento ou mestre de cerimônia.

Simpósio – com formação semelhante à mesa-redonda, porém seus participantes possuem graduação mais elevada.

Ao contrário da mesa-redonda, os participantes não debatem entre si, e sim com a plateia, com a ajuda de um coordenador que encaminha as perguntas e estabelece o tempo de cada um.

Workshop – é uma reunião de trabalho supervisionada por um orientador e pode ter demonstração de produtos. É um evento que pode durar dias, como os congressos e convenções. A função é determinar um conceito ou uma técnica a ser assimilada e praticada pelos participantes; na verdade pode ser até um evento que ensine algum trabalho manual. Esse evento em si não exige um cerimonial propriamente dito. O mais importante é a apresentação do orientador e a apresentação do grupo para um entrosamento maior. O fruto de um workshop pode ser uma exposição.

Eventos de caráter

Convenção – são promovidas por entidades empresariais e possuem comemorações com almoços, jantares e coquetéis. Da mesma forma que um congresso, a convenção inicia-se com uma confraternização entre os funcionários de uma empresa para que depois participem da solenidade de abertura dessa convenção, onde o diretor da empresa, juntamente com os diretores de cada área, darão as boas-vindas. Dentre os trabalhos estão principalmente reciclagem dos profissionais, estabelecimento de metas, demonstração de novos produtos e treinamentos específicos. O encerramento dá-se com nova confraternização.

Feira – ocorre de maneira semelhante à exposição, só que sua função não é somente mostrar produtos e serviços, e sim vendê-los. O cerimonial é o mesmo da exposição.

Eventos artísticos

Exposição – produtos e serviços são expostos sem efetuar vendas. A abertura de uma exposição é sempre feita com um discurso, se estiver em local grande, e se for muito expressiva, um desenlace ou corte de fita, discurso do promotor e autoridades. Seguem coquetel e coletiva de imprensa. Geralmente é um evento fechado na abertura e depois aberto ao público.

Mostra – é o mesmo que exposição, porém tem uma conotação mais próxima da arte e é sempre menor que uma exposição propriamente dita.

Vernissages – o tipo de evento que tem caráter profissional, porém, sua dinâmica é toda social. Pessoas são convidadas a um determinado local, geralmente uma galeria de arte, onde são expostas obras de um ou mais artistas. Além da imprensa, formadores de opinião e críticos de arte são chamados. É servido um pequeno coquetel, que na realidade deveria se resumir em um vin d'honneur, ou seja, um brinde que acompanhasse algum petisco como frutas secas e leguminosas.

EVENTOS CULTURAIS

É preciso salientar que eventos artísticos podem também ser culturais. Serão enquadrados pelos requisitos da Lei Rouanet, que promove incentivos fiscais a empresas patrocinadoras desse tipo de evento.

Concurso – é uma competição que pode ser esportiva, de conhecimentos, destrezas em várias áreas. O que a caracteriza é justamente o regulamento, o júri e o prêmio, que pode ser uma menção honrosa, medalha comum, produtos ou dinheiro. O cerimonial é mais efetivo na abertura, com todo o protocolo exigido em uma solenidade desse tipo, ou seja, hino, bandeiras e discursos.

Entrevista coletiva – um especialista ou um representante de alguma entidade particular ou do governo faz um pronunciamento.

É montada uma mesa para o entrevistado ou entrevistados e uma plateia para os jornalistas. O entrevistado responde as perguntas dos jornalistas. O ar tumultuado que costuma-se ver nos noticiários de televisão nas coletivas não é exatamente o exemplo de organização.

Formaturas – cada formando terá um número de convites a ser distribuído.

– O anfitrião é o representante da instituição de ensino. A partir do 2° ciclo, a comissão de formatura é quem convida; o mesmo ocorrendo para faculdades e cursos de especialização.

– Cursos castrenses é a academia quem convida (exército).

– Culto ecumênico para agradecer a oportunidade de se formarem.

– As autoridades a convidar serão escolhidas pelos alunos e pela direção de comum acordo e o convite partirá da direção do estabelecimento de ensino. No caso de autoridades, o convite deve ser enviado em forma de ofício. Profissionais ligados a área de interesse dos formandos também podem ser convidados especiais.

– Deve-se escolher paraninfo e homenageados, que poderão ser do corpo docente ou não, e o orador da turma, eleito pela maioria.

– Na ordem do dia a cerimônia começará com o hino nacional; o diretor da instituição presidirá a solenidade de abertura ou passará a incumbência para a autoridade presente, conforme normas de precedência. Se for o caso, esta agradece e pede que ele prossiga.

– O juramento é feito pelos alunos, que serão chamados pelo secretário da mesa ou pelo mestre de cerimônia.

– A colação de grau é feita de acordo com as normas da instituição – capelo, anel ou ambos. Cada aluno é chamado e a colação é feita pelo diretor da instituição. O diploma pode ser entregue por ele ou por outro membro da mesa por ele determinado.

– Traje: preferível o *smoking* para o baile e beca para a colação de grau.

– Os alunos sempre preferem ficar no palco até serem chamados para a colação de grau, porém nem sempre é a melhor solução.

– Quanto aos homenageados, o ideal é todos ficarem na mesa de honra. Na hora do jantar ou coquetel, caso não caibam na mesma mesa, devem ser colocados em mesas laterais à principal.

– Patrono, afora o paraninfo, é uma espécie de protetor da turma de formandos. Cabe ao organizador verificar se o patrono e paraninfo não são oponentes políticos etc.

Tarde de autógrafos – na verdade, tarde é apenas uma força de expressão; este evento pode ocorrer pela manhã, à tarde ou mesmo à noite, tudo irá depender do público-alvo da publicação, sempre fora do horário de trabalho das pessoas em questão. O cerimonial de um evento como esse é bem simples. O mais importante é como será a estratégia de marketing. É sempre uma incógnita se haverá um público participante, pelo menos pelo volume de pessoas, sem considerarmos os que vão realmente adquirir um exemplar do livro.

A editora promove o evento em local de fácil acesso e que tenha uma boa apresentação ou que esteja ligado ao tema principal da publicação. Por exemplo, se for um romance que se passa no circo, nada mais simpático que fazer seu lançamento em um circo, ou então improvisar uma lona com picadeiro e arquibancadas.

O que pode eventualmente garantir a presença dos convidados, além de uma ampla divulgação, é a promessa e o cumprimento da distribuição de exemplares para instituições com interesse na publicação, como escolas, bibliotecas públicas, entidades beneficentes e de classe, entre outros.

A parte de alimentos e bebidas deve ser o mais comedida possível, um vin d'honneur é bem apropriado. Há quem desgoste, mas um bom vinho do Porto com frutas secas, espalhadas pelas mesas de apoio, água e quem sabe um refrigerante, se houver público jovem, já é o suficiente.

Há dois sistemas para autógrafos: ou as pessoas dirigem-se à mesa onde o escritor se encontra, a pessoa identifica-se e é autografado o livro, ou então uma assistente encaminha os exemplares para o escritor com o cartão da pessoa que comprou o livro para a dedicatória.

Caso haja autoridades no evento, nesta hora preserva-se a ordem de precedência, porém sem desconsiderarmos as pessoas idosas.

Torneio – este tipo de evento possui um caráter esportivo de competição e caracteriza-se por ter um julgamento e uma comissão organizadora que estabelecerá os critérios do regulamento. Por ser um evento esportivo terá uma abertura solene em local apropriado, geralmente onde ocorrerá a competição. Autoridades ligadas à área de esportes são convidadas e proferem discursos, e no encerramento do evento os ganhadores da competição apresentam-se em cortejo agradecendo ao público. Esse cortejo também pode ocorrer com todos os participantes na abertura do evento. Há sempre um mestre de cerimônia coordenando os trabalhos.

EVENTOS RELIGIOSOS

Bar e bat mitzvá – cerimoniais judeus que têm o valor da primeira comunhão. Os meninos fazem o bar mitzvá com treze anos e as meninas o bat mitzvá com doze. As cerimônias são mais formais e podem ser seguidas de brunch, almoço ou então banquete, os quais são elaborados com esmero na decoração, música, cardápio etc.

Batizados – são geralmente comemorados com um almoço ou chá. Sugerir um brinde é uma iniciativa que deve partir dos padrinhos. O chá é uma ótima ideia, se os pais não puderem ter despesas maiores. A decoração deve ser clara e sóbria, com preferência para o branco, inclusive as flores. Os convites podem ser por telefone ou com um cartãozinho duplo.

Brit-miláh – circuncisão, uma cerimônia feita pelos judeus para os meninos, entre uma semana de seu nascimento e um mês. É geralmente feita pela manhã, mas alguns preferem no final da tarde. Se for de manhã, pode ser oferecido um café da manhã, brunch, e os mais suntuosos podem ser comemorados com um almoço. À tarde cabe um chá bem sortido. O que caracteriza essa cerimônia são os doces servidos, que devem conter frutas secas. Pouca interferência temos nesse cerimonial de caráter unicamente religioso. Devemos providenciar solidéus para os convidados e, se forem ortodoxos, separar em alas os homens das mulheres.

Casamentos – se as famílias não têm muita intimidade, é interessante ao organizador do evento sugerir um almoço ou jantar entre as famílias (pais, irmãos e noivos). A cerimônia religiosa pode ser a mesma do civil ou então ambas serem no mesmo dia e hora, porém com o religioso e juiz de paz respectivamente. É importante conhecer os vários ritos religiosos de casamento, pois só assim o organizador poderá tomar as providências necessárias para a decoração e arranjos de cadeiras etc., mesmo se a cerimônia ocorrer em um templo. Se os noivos e padrinhos tiverem disponibilidade, deve-se ensaiar a cerimônia. Lembrem que fotógrafos e filmagens são imprescindíveis. Os convites são impressos e os nomes dos convidados nos envelopes são manuscritos. Decoração sem cores pesadas para a igreja.

Se o casamento for seguido de uma recepção, é fundamental criar um clima de imponência para a entrada dos noivos no salão, com uma música de fundo – tradicionalmente uma valsa, mas podendo ser outra qualquer da escolha dos noivos. Os pais e familiares dos noivos recepcionarão os convidados na chegada ao salão; o brinde simbólico é sempre feito imediatamente na sequência da entrada dos noivos. Nele, os noivos, pais, padrinhos, irmãos e avós, com taças na mão, brindam em honra aos noivos, que partem o bolo a ser oferecido na hora da sobremesa. Nada impede que seja distribuída uma taça de champagne para cada convidado; este serviço deve ser rápido para não tornar a espera enfadonha. Na sequência, a valsa. Os noivos começam a dançar sozinhos e depois são seguidos pelos pais, e então pelos padrinhos e irmãos. Durante a refeição os noivos dirigem-se às mesas para cumprimentar os convidados.

Conclave – é o mesmo que um congresso, só que de religiosos. Eles se reúnem para tratar de questões de condutas religiosas ou lançar campanhas. A CNBB (Conferência Nacional dos Bispos do Brasil) realiza suas campanhas de obras sociais a partir das decisões dos conclaves, realizados anualmente.

Primeira comunhão – as meninas de branco e os meninos de terno escuro. É uma cerimônia de reconfirmação dos votos do batizado na fé cristã. A cerimônia ocorre na igreja e o evento pode ser seguido de um brinde ou almoço.

TIPOS DE SERVIÇO E BANQUETES

SERVIÇO À FRANCESA

Também chamado de diplomata, por ser utilizado nas embaixadas.

Tipo de serviço que prima pelo requinte e sofisticação. O cerimonial transforma uma necessidade básica – alimentar-se – em um evento fantástico, quando bem elaborado no que se refere ao menu, na escolha dos vinhos e na destreza dos serviçais, peça fundamental neste tipo de serviço.

As mesas são sempre posicionadas em múltiplos de quatro. O serviço começa pela mulher à direita do anfitrião, que é a convidada de honra, e o homem à direita da anfitriã, que é o convidado de honra. A partir de oito pessoas é preferível dois garçons ou copeiras, para que as pessoas não tenham que esperar demais os outros convidados se servirem. Os pratos são apresentados pela esquerda, o convidado se serve, a água e o vinho são servidos pela direita. O prato usado é retirado pela esquerda e o limpo colocado pela direita. As comidas são repassadas, com exceção da entrada e da sobremesa. Em mesa de 14 pessoas, o sistema *vis-à-vis* (anfitriões sentados no centro da mesa frente a frente e não nas cabeceiras) funciona normalmente. Para servir, o garçom ou a copeira seguram a travessa com a mão esquerda envolta em um guardanapo branco, inclinam-se ligeiramente para que o convidado possa servir-se; as colheres de servir ficam voltadas para o convidado.

Há vários tipos de formação de mesa para serviço à francesa. Quando temos mais de duas pessoas homenageadas, os anfitriões podem ceder a cabeceira para um casal homenageado e sentarem-se um em frente ao outro, e o outro casal homenageado à direita do anfitrião e da anfitriã – lembrando que casais nunca sentam-se juntos à mesa em uma formação como as mencionadas acima, somente em raríssimas situações. Muitas vezes nesse tipo de serviço podemos ter duas mesas formadas em função do número de convidados. Nesse caso, cada anfitrião senta-se em uma das mesas.

Serviço à inglesa direto
Os pratos vazios são colocados pelo lado direito do convidado, a travessa é apresentada pelo lado esquerdo e serve-se a comida pelo mesmo lado com a colher na mão direita e o garfo na esquerda. O garçom deve saber dispor a comida no prato. Os líquidos sempre pelo lado direito, pois a posição dos copos facilita a operação por este lado.

Serviço à inglesa indireto
É utilizado o "guéridon" ou carrinho. O garçom traz as travessas e as apresenta ao cliente pelo lado esquerdo, depois, sobre o "guéridon", serve a comida no prato que já deve estar lá, usando o sistema de alicate. O prato vazio é retirado da mesa pelo lado direito e o prato com a comida é colocado pelo lado esquerdo, como no serviço direto. O "guéridon" deve ser arrumado com os pratos no meio e as travessas à esquerda.

Serviço à americana
Monta-se um bufê e o convidado se serve sozinho. Ao garçom cabe retirar os pratos usados e servir bebidas ou pedidos especiais. Outro tipo de serviço à americana é em banquetes, onde os pratos já vêm montados da cozinha e são servidos diretamente ao convidado.

Serviço franco-americano ou empratado
É o tipo de serviço mais indicado para um evento formal com muitos convidados. Os pratos são montados na cozinha de maneira uniforme (todos iguais, com as mesmas quantidades e disposição) e são servidos para todos ao mesmo tempo. Em uma mesa de oito pessoas (padrão), o serviço fica mais rápido e todos são servidos ao mesmo tempo, já que é só colocar o prato à frente do convidado. A sobremesa e as entradas podem ser servidas em buffet. Para efeito visual (foto e vídeo) é o mais indicado.

TIPOS DE CARDÁPIOS

BANQUETE À FRANCESA

Neste tipo específico de refeição, a salada é o último prato salgado, sucedendo a carne, ave ou peixe. Existe uma lógica antiga que argumentava a facilitação da digestão, mas a ordem dos fatores não irá alterar a digestão. No Brasil, costuma-se utilizar a salada como entrada fria. É comum ser servido queijos antes da sobremesa, porém não é obrigatório. Muitos autores condenam o acompanhamento de frutas secas e frescas para os queijos, mas não deixa de ser uma excelente combinação.

ALMOÇO

Geralmente, é mais simples, pois não exige grande sofisticação dos pratos. Nunca se deve servir sopas ou cremes, tipos de entrada para refeições à noite. A quantidade de pratos também é menor. Basta um tipo de prato principal, que pode ser uma carne vermelha. Os queijos que antecedem a sobremesa ou frutas não precisam ser servidos.

BANQUETE JANTAR

Os jantares são sempre mais formais. As entradas podem ser quentes, como as sopas e cremes. Pode-se servir dois pratos principais, e os queijos, antes ou com as frutas, precedendo a sobremesa, ainda hoje são bem-vindos. É importante salientar que não é de bom-tom servir carne vermelha à noite, por ser de difícil digestão.

Trajes

TRAJES ESPECÍFICOS

Estamos habituados a usar determinado tipo de traje para cada ocasião específica. Não vamos trabalhar com as mesmas roupas que usamos em casa para relaxar, por exemplo. Logo, seguimos um protocolo inconsciente em relação aos trajes. Para eventos oficiais, estão também estabelecidos alguns critérios. É importante conhecê-los.

Os trajes para homens em cerimônias durante o dia são terno ou costume completo escuro ou claro e passeio completo. Se o evento ocorrer após às 17h, é obrigatório o uso de terno ou costume escuro. No caso das mulheres, seria também um costume completo. À noite, é comum em eventos mais formais usar o "black tie", que é *smoking* para os homens e longo para as mulheres.

O fraque e a casaca, apesar de constar em nosso protocolo, já caiu em desuso – salvo exceções em que o protocolo de uma delegação estrangeira exija o seu uso. O chefe do cerimonial é quem, juntamente com o chefe de Estado ou seu secretariado, decide o tipo de traje para cada evento. Convém repetir que a descrição do tipo de traje a ser usado no evento deve sempre constar no convite, para evitar constrangimentos.

CLASSIFICAÇÃO DE TRAJES MASCULINOS

ESPORTE
Camisa sem gravata, pulôver ou moletom e sapatos tipo esporte – tênis só se houver prática de esportes. Usados para reuniões e churrascos se forem ao ar livre. Se for um café da manhã em ambiente fechado, acrescente um blazer.

ESPORTE COMPLETO
Camisa sem gravata, sapatos com solado de borracha. Se o ambiente for fechado, é preciso o uso de blazer.

PASSEIO
Blazer ou paletó, calça, gravata e sapato, claro ou escuro.

SOCIAL
Terno completo ou costume escuro.

RECEPÇÃO
Terno ou costume escuro completo, sapatos de solado de couro.

BLACK TIE
Smoking completo, fraque, *summer jacket*.

CLASSIFICAÇÃO DE TRAJES FEMININOS

ESPORTE
Saia ou calça e blusa, sapatos baixos (cuidado com sandálias que deixam os pés muito à mostra), bolsa do dia a dia.

ESPORTE COMPLETO
Blazer e saia, vestido, saia e blusa, sapatos mocassim, bolsa do dia a dia.

PASSEIO
Tailleur, vestido com ou sem blazer, sapatos mais delicados, tipo scarpin, bolsa grande.

SOCIAL
Tailleur ou vestido mais sofisticado, salto alto, bolsa pequena.

RECEPÇÃO
Vestido ou conjunto de tecidos nobres, sapatos em couro, camurça ou forrados do mesmo tecido da roupa. Pode utilizar brilho.

BLACK TIE
Vestido longo cobrindo os pés ou curto de tecidos nobres.

OCASIÕES DE USO DE CADA TRAJE

ESPORTE
Reuniões e churrascos ao ar livre, café da manhã mais informal ou de confraternização.

ESPORTE COMPLETO
Almoços e cafés da manhã um pouco mais solenes.

PASSEIO
Coquetéis, happy hours, jantares que seguem o dia de trabalho.

ALTO ESPORTE
Coquetéis, vernissages, inaugurações, lançamentos e eventos mais formais.

RECEPÇÃO
Casamentos e eventos protocolares que não exijam black tie.

BLACK TIE
Eventos protocolares e quando especificado no convite, por exemplo, nas festa de debutantes.

Ética profissional

O ORGANIZADOR E A PROFISSÃO

O perfil de um organizador de eventos é de um profissional dinâmico, atualizado, organizado em suas tarefas, com espírito de liderança e conhecedor profundo de sua atividade.

Tudo isso requer dedicação e pesquisa, além de conhecimento de regras de etiqueta e traquejo social, não só para o trato com os clientes como também a fim de apurar seu gosto e conhecer o maior número possível de situações e eventos para reproduzi-los com seu próprio estilo.

Os eventos não são somente cobertos por sofisticação, pois em alguns casos não é aconselhável que sejam muitos sofisticados. Para detectar que tipo de evento é mais conveniente para determinada ocasião e cliente, é preciso desenvolver um "feeling", de modo que, ao detectar o perfil de seu cliente e eventuais convidados, faça com que eles fiquem totalmente satisfeitos com o trabalho e o indiquem para outros clientes.

Evento quer dizer acontecimento, logo deve ser celebrado, seja com discurso, com homenagem, com jantar, ou o que for. O mais importante é o cuidado com os detalhes que o organizador de eventos terá no preparo do mesmo.

O conhecimento de todas as possibilidades facilitarão o trabalho de consultoria; a busca constante de novos espaços e serviços trarão conhecimento necessário para a boa performance nessa atividade tão interessante.

Pesquisa é uma ferramenta indispensável na atividade de chefe de cerimonial e organizador de eventos. Devemos conhecer bem nosso público-alvo, seus costumes, preferências para que nossa "performance" seja a mais adequada possível.

POSTURA PROFISSIONAL

A base de toda atividade remunerada é a satisfação do cliente em suas necessidades e anseios, portanto é fundamental que o profissional da área de eventos tenha essa consciência. Quando falamos em eventos, estamos falando em algo que mexe com os sentimentos, independente de ser um evento social particular ou profissional. Há muita coisa em jogo, principalmente a vaidade humana. Cabe ao organizador ter ciência dessa questão, tratar os clientes com deferência e procurar transmitir o máximo de segurança, pois é o que todo cliente espera.

Otimizar a verba do cliente trará benefícios mútuos, credibilidade para o organizador e economia para o cliente, porém a qualidade é fundamental. Toda vez que esta estiver ameaçada, em função de corte de despesas, a questão deve ser levantada.

A preocupação com segurança, normas e legislação é uma tônica a ser lembrada no dia a dia do profissional de eventos, porque o evento só acontece com o elemento humano.

O profissional dessa área deve saber expressar-se de forma clara e correta, deve ser discreto e saber exatamente qual é sua função nos eventos e situações nas quais seus préstimos profissionais são necessários, mantendo uma conduta irrepreensível. O que quero dizer com isso é que convivemos com fartura de bebida e comida, e com pessoas das mais variadas camadas, e não podemos cometer excessos, nem indiscrições, partindo inclusive do nosso visual, que deverá sempre estar de acordo com a ocasião e ser sempre o mais discreto possível. Cores escuras são nossa grande aliada.

REGRAS DE COMPORTAMENTO E ETIQUETA

Todo profissional, de qualquer área que seja, deve saber como comportar-se em qualquer situação. Para o profissional de eventos isso fica mais evidente. É interessante que o profissional procure aprimorar seus conhecimentos de comportamento social e etiqueta, não apenas para aplicá-los como também eventualmente orientar seus próprios clientes em diversas situações que poderão surgir.

Como já foi dito anteriormente, questões protocolares são questões de caráter diplomático, logo, o trato com as pessoas e situações inusitadas fazem parte do dia a dia do profissional que trabalha com Cerimonial e Protocolo. O processo de evolução de etiqueta e comportamento social é dinâmico e acompanha exatamente o momento histórico que o indivíduo está vivendo. Nossas diretrizes de etiqueta, comportamento social, Cerimonial e Protocolo são de simplificação das solenidades e trato no dia a dia. É importante que o profissional tenha isto em mente, para que possa desempenhar suas funções da maneira mais correta possível e não causar embaraços para aqueles que o contrataram.

SITUAÇÕES ESPECIAIS

É muito comum o profissional de Cerimonial deparar-se com situações inusitadas, principalmente no campo da política nacional e internacional.

Muitos países são desmembrados ou anexados, o mesmo ocorrendo com estados ou cidades, culturas são massacradas ou assimiladas e assim por diante.

Cabe a nós, profissionais desta área, saber contornar este tipo de situação. Se, por exemplo, temos que receber uma delegação de um país muito pobre, é lógico que não devemos ostentar. Porém, como representantes de uma nação, a delegação deve ser recebida com todas as honras das demais delegações. Não podemos fazer distinções no que se refere ao poder financeiro de um país, questões étnicas ou religiosas. Muitas vezes podemos receber uma delegação estrangeira de um país que nem possui protocolo próprio, então cabe a nós pesquisarmos precedentes e adequarmos à situação colocada.

ESTRUTURA BÁSICA DE UM SERVIÇO DE CERIMONIAL

O profissional irá executar e providenciar basicamente o seguinte:

1– Propor e garantir o cumprimento das normas de Cerimonial para a instituição.

2– Opinar e pesquisar questões de precedência.

3– Organizar a recepção de autoridades ou personalidades, nacionais ou estrangeiras.

4– Participar da organização das visitas do presidente da instituição a outros lugares, cidades e estados.

5– Participar da organização das viagens do presidente.

6– Organizar todas as solenidades que a instituição promover.

7– Elaborar e expedir os convites e ofícios.

8– Preparar a correspondência oficial do presidente.

9– Orientar o presidente sobre o roteiro da solenidade.

10– Em solenidades conjuntas com outras instituições e órgãos, colaborar com os demais profissionais de Cerimonial.

11– Organizar e manter as correspondências e cadastro de personalidades atualizado.

12– Organizar o evento quanto a:

12.1– Escolha do local – visando a capacidade, segurança, decoração, status do local em questão.

12.2– Indicação do tipo de serviço – qual a maneira mais adequada de servir os alimentos e bebidas conforme o horário, tipo de público e formalidade do evento.

12.3– Decoração em geral – a decoração floral deve estar de acordo com a característica do evento, nada de rosas vermelhas para um evento essencialmente masculino.

12.4– Sugestão das autoridades dos três níveis a convidar – o cuidado que um chefe de cerimonial deve tomar na sugestão de uma autoridade, principalmente ligada a uma área do governo, pois há a questão de partidos políticos, rivalidades e outros interesses.

12.5– Confirmação de presença com autoridades convidadas – principalmente se as autoridades estiverem inseridas na ordem do dia, se terão discursos a serem proferidos, homenagens a receber etc.

12.6– Lista dos participantes da cerimônia – determinar quem participará, se todo um quadro da instituição ou somente alguns elementos-chave para esse determinado evento.

12.7– Recepção, identificação e acomodação dos convidados – o receptivo deverá ser estipulado pelo chefe de cerimonial, principalmente se houver determinação de lugares marcados. Identificar as autoridades que chegam ao evento para não causar constrangimentos.

12.8– Montagem da sala VIP – a sala VIP é o local onde as autoridades estarão concentradas antes de começar a solenidade. O chefe de cerimonial deverá providenciar nessa sala o máximo de conforto para estes convidados, desde água, café, canapés até telefones, Wi-Fi, espelho de corpo inteiro, banheiros, sofás e outros.

12.9– Cuidar do dispositivo de bandeiras (colocação prévia ou hasteamento).

12.10– Determinação dos lugares dos convidados – inclusive verificar os cartões de mesa; antes de abrir o salão, verificar pela última vez o plano de mesa juntamente com a lista de controle da recepção, para que em caso de não comparecimento de alguma autoridade seja feito um remanejamento de assentos.

12.11– O chefe de cerimonial, quanto ao programa, deverá estabelecer a ordem do dia (pauta), providenciar uma nominata, e indicar a ordem de discursos, inclusive no programa do mestre de cerimônia.

12.12– Descerramento de placa – verificar os dizeres, a cobertura e determinar que pessoa ou pessoas farão o descerramento. Afora o descerramento, pode ocorrer a cerimônia do laço de fita, que geralmente ocorre em inaugurações ou aberturas de grandes eventos.

Formas de tratamento

O EMPREGO DOS PRONOMES

O emprego dos pronomes de tratamento obedece a uma secular tradição. São de uso consagrado. Os mais usados, de acordo com o Manual de Redação da Presidência da República (1992), são:

Vossa Excelência, em comunicações dirigidas às seguintes autoridades:

a) Do Poder Executivo
Presidente da República
Vice-Presidente da República
Ministros de Estado
Secretário-Geral da Presidência da República
Consultor-Geral da República
Chefe do Estado-Maior da Forças Armadas
Chefe do Gabinete Militar da Presidência
Chefe do Gabinete Pessoal do Presidente
Secretários da Presidência da República
Procurador-Geral da Presidência da República
Governadores e Vice-Governadores de Estado e do Distrito Federal
Chefe de Estado-Maior das Três Armas

Oficiais-Generais das Forças Armadas
Embaixadores
Secretários Executivos e Nacionais de Ministério
Secretários de Estados dos Governos Estaduais
Prefeitos municipais

b) Do Poder Legislativo
Presidente, Vice-Presidente e membros da Câmara dos Deputados
e do Senado
Presidente e membros do Tribunal de Contas da União
Presidente e membros das Assembleias Legislativas
Presidentes das Câmaras Municipais
Presidente e membros do Tribunal de Contas da União

c) Do Poder Judiciário
Presidente e membros do Supremo Tribunal Federal
Presidente e membros do Superior Tribunal de Justiça
Presidente e membros do Superior Tribunal Militar
Presidente e membros do Tribunal Superior Eleitoral
Presidente e membros dos Tribunais de Justiça
Presidente e membros dos Tribunais Regionais Federais
Presidente e membros dos Tribunais Regionais Eleitorais
Presidente e membros dos Tribunais Regionais do Trabalho
Juízes e Desembargadores
Auditores da Justiça Militar

O vocativo a ser empregado em comunicações dirigidas aos Chefes de Poder é Excelentíssimo Senhor, seguido do cargo respectivo:

Excelentíssimo Senhor Presidente da República
Excelentíssimo Senhor Presidente do Congresso Nacional
Excelentíssimo Senhor Presidente do Supremo Tribunal Federal

As demais autoridades serão tratadas pelo vocativo Senhor, seguido do cargo respectivo:

Senhor Senador
Senhor Juiz
Senhor Ministro
Senhor Governador

Excelentíssimo Senhor
".................................."
Ministro da Justiça

Excelentíssimo Senhor
".................................."
Senador Federal

Excelentíssimo Senhor
".................................."
Juiz de Direito da 10ª Vara Cível

É equivocado, e deve ser abolido, o uso do tratamento Digníssimo às autoridades arroladas acima. A dignidade é pressuposto para que se ocupe qualquer cargo público, sendo desnecessária a sua repetida evocação.

Vossa Senhoria é empregado para as demais autoridades e para particulares. O vocativo adequado é Senhor, seguido do cargo do destinatário: Senhor Chefe da Divisão de Serviços Gerais.

No envelope deve constar:

Senhor
".................................."
Rua ABC, n.º 123
70.123 - Curitiba - PR

Como se depreende do exemplo acima, fica dispensado o emprego do superlativo Ilustríssimo para as autoridades que recebem o tratamento de Vossa Senhoria e para particulares. É suficiente o uso do pronome de tratamento Senhor.

Acrescente-se que Doutor não é forma de tratamento, e sim título acadêmico. Não deve ser usado indiscriminadamente. Seu emprego deve restringir-se apenas a comunicações dirigidas a pessoas que tenham tal grau por terem concluído curso universitário de doutorado. Nos demais casos, o tratamento Senhor confere a desejada formalidade às comunicações.

Mencionemos, ainda, a forma Vossa Magnificência, empregada, por força da tradição, em comunicações dirigidas a reitores de universidades. Corresponde-lhe o vocativo: Magnífico Reitor.

Os pronomes de tratamento para religiosos, de acordo com a hierarquia eclesiástica são:

– Vossa Santidade, em comunicações dirigidas ao Papa. O vocativo correspondente é: Santíssimo Padre.

– Vossa Eminência ou Vossa Eminência Reverendíssima, em comunicações dirigidas a cardeais. Corresponde-lhe o vocativo: Eminentíssimo Senhor Cardeal, ou Eminentíssimo e Reverendíssimo Senhor Cardeal.

– Vossa Excelência Reverendíssima é usado em comunicações a arcebispos e bispos; Vossa Reverendíssima ou Vossa Senhoria Reverendíssima para monsenhores, cônegos e superiores religiosos. Vossa Reverência é empregado para sacerdote, clérigos e demais religiosos.

ALGUNS EXEMPLOS, POR CARGO OU FUNÇÃO PÚBLICA

Almirante	Vossa Excelência
Arcebispo	Vossa Excelência Reverendíssima
Arquiduque	Vossa Alteza
Bispo	Excelentíssimo Reverendíssimo Senhor
Brigadeiro	Vossa Excelência
Capitão	Vossa Senhoria
Cardeal	Vossa Eminência Reverendíssima
Chefe de Seção	Vossa Senhoria
Cônego	Vossa Reverendíssima Reverendíssimo Senhor
Coronel	Vossa Senhoria

Diácono	Reverendíssimo Senhor
Diretor (Rep. Pública)	Vossa Senhoria
Duque	Vossa Alteza
Embaixador	Vossa Excelência
Funcionário	Vossa Senhoria
General	Vossa Excelência
Imperador	Vossa Majestade
Juiz	Vossa Excelência
Madre	Vossa Reverendíssima
Major	Vossa Senhoria
Marechal	Vossa Excelência
Monsenhor	Vossa Reverendíssima
Padre	Vossa Reverendíssima
Papa	Sua Santidade o Papa (no subscrito) Santíssimo ou Beatíssimo (no cabeçalho) Vossa Santidade (no texto)
Pároco	Muito Reverendo Senhor (no subscrito)
Patriarca	Sua Excelência Reverendíssima Senhor Dom
Príncipe	Vossa Alteza
Rainha	Vossa Majestade
Rei	Vossa Majestade
Reitor	Vossa Magnificência (Magnífico Reitor)
Secretário de Estado	Vossa Excelência
Soror	Reverenda Irmã

Tipos de mesa

Em toda cerimônia, um dos aspectos mais importantes é o referente à hierarquia.

Tomamos por base dois diagramas:

MESA ÍMPAR
(rigorosa observância da precedência)

6	4	2	1	3	5	7

1 - Presidente do ato
2 - 2ª maior autoridade
3 - Anfitrião (quando não for o presidente)
4 - 3ª autoridade, na precedência
5 - 4ª autoridade
6 e 7 - Continuação da montagem em precedência

MESA PAR

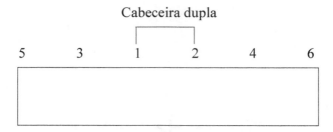

1- Presidente
2- Anfitrião (quando não for o presidente)
3- 2ª maior autoridade
4- 3ª autoridade, na precedência
5 e 6- Continuação da montagem em precedência

DIAGRAMAS DIVERSOS

1- Em que há homenageado e o Chefe do Executivo se faz representar:

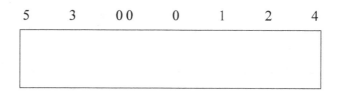

0- Anfitrião
00- Homenageado
1- Representante do Chefe do Executivo

2- Em que há um anfitrião, um coanfitrião e comparece o Chefe do Poder Executivo:

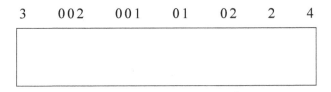

01- Anfitrião
02- Coanfitrião
001- Chefe do Poder
002- Homenageado

FORMATOS DE MESA DE BANQUETE

FORMATO I: Considera-se as cabeceiras e o centro da mesa

FORMATO U:

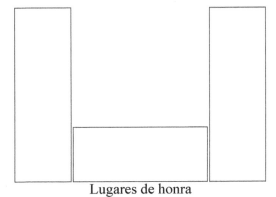

Lugares de honra

Formato T:

Lugares de honra

Formato Pente: Para grande quantidade de pessoas

Lugares de honra

Outros formatos são permitidos. De acordo com o número de homenageados e do espaço disponível, podemos ter formatos triangulares e até trapézios.

FORMATO TRIANGULAR:

FORMATO TRAPÉZIO:

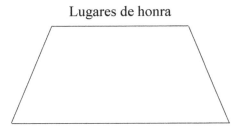

PLANO DE MESA:

Em banquetes muito formais costuma-se usar uma sinalização chamada "placement", que indica o nome da pessoa que deve sentar-se naquele lugar. Ele é feito em papel cartão com 3 cm de altura e 9 cm de comprimento. Os nomes são manuscritos por um calígrafo e são colocados em um suporte especial ou então apoiado nos copos. Existe a opção de fazê-los duplos para que tenham apoio.

Geralmente intercalamos homens e mulheres para termos uma conversação mais ampla e efeito de foto melhor. Lembramos que os anfitriões sentam-se nas cabeceiras ou ao centro da mesa um em frente ao outro e os convidados mais importantes sempre à direita dos anfitriões, sendo a mulher ao lado direito do anfitrião e o homem à direita da anfitriã.

Em ocasiões onde trabalho é a pauta e o número de mulheres e de homens não é exatamente igual, devemos considerar a precedência dos convidados, ou seja, quem é mais importante deverá sentar-se à direita dos anfitriões, independentemente do sexo, já que nas relações profissionais não consideramos o sexo como precedência.

Precedências

ESTADOS

Esta ordem segue a formação dos Estados dentro da Federação. Hoje, como a palavra de ordem é simplificação do cerimonial, podemos utilizar a ordem alfabética, mas em eventos de grande formalidade esta ordem prevalece.

1. BAHIA
2. RIO DE JANEIRO
3. MARANHÃO
4. PARÁ
5. PERNAMBUCO
6. SÃO PAULO
7. MINAS GERAIS
8. GOIÁS
9. MATO GROSSO
10. RIO GRANDE DO SUL
11. CEARÁ
12. PARAÍBA
13. ESPÍRITO SANTO
14. PIAUÍ
15. RIO GRANDE DO NORTE

16. SANTA CATARINA
17. ALAGOAS
18. SERGIPE
19. AMAZONAS
20. PARANÁ
21. ACRE
22. MATO GROSSO DO SUL
23. RONDÔNIA
24. TOCANTINS
25. RORAIMA
26. AMAPÁ
27. DISTRITO FEDERAL

Note que o Distrito Federal, embora não tenha sido o último estado a ser formado, é colocado sempre em último lugar como forma de destaque, por tratar-se da capital da República.

MINISTÉRIOS

Segundo o site www.planalto.gov.br (acessado em 06 abr. 2010), segue-se esta precedência. Porém, nota-se discrepância entre o texto do decreto 70.274 e a ordem publicada no site.

MINISTRO DA JUSTIÇA
MINISTRO DOS COMANDOS MILITARES (DEFESA)
MINISTRO DAS RELAÇÕES EXTERIORES
MINISTRO DA FAZENDA
MINISTRO DOS TRANSPORTES
MINISTRO DA AGRICULTURA E DO ABASTECIMENTO
MINISTRO DA EDUCAÇÃO
MINISTRO DA CULTURA
MINISTRO DO TRABALHO E EMPREGO
MINISTRO DA PREVIDÊNCIA E ASSISTÊNCIA SOCIAL
MINISTRO DA SAÚDE
MINISTRO DO DESENVOLVIMENTO, INDÚSTRIA E COMÉRCIO EXTERIOR

MINISTRO DAS MINAS E ENERGIA
MINISTRO DO PLANEJAMENTO, ORÇAMENTO E GESTÃO
MINISTRO DAS COMUNICAÇÕES
MINISTRO DA CIÊNCIA E TECNOLOGIA
MINISTRO DO MEIO AMBIENTE
MINISTRO DO ESPORTE E TURISMO
MINISTRO DA INTEGRAÇÃO NACIONAL
MINISTRO DO DESENVOLVIMENTO AGRÁRIO
MINISTRO CHEFE DA CASA CIVIL DA PRESIDÊNCIA DA REPÚBLICA
MINISTRO DA SECRETARIA-GERAL DA PRESIDÊNCIA DA REPÚBLICA
MINISTRO CHEFE DA CASA MILITAR DA PRESIDÊNCIA DA REPÚBLICA
CHEFE DO ESTADO-MAIOR DAS FORÇAS ARMADAS
CHEFE DA CASA CIVIL DA PRESIDÊNCIA DA REPÚBLICA
CHEFE DA CASA MILITAR DA PRESIDÊNCIA DA REPÚBLICA
SECRETÁRIO DE ASSUNTOS ESTRATÉGICOS
SECRETÁRIO DE COMUNICAÇÃO SOCIAL DA PRESIDÊNCIA DA REPÚBLICA
SECRETÁRIO ESPECIAL DE DESENVOLVIMENTO URBANO
SECRETÁRIO NACIONAL ANTIDROGAS
SECRETÁRIO DOS DIREITOS HUMANOS
SECRETÁRIO DE ASSISTÊNCIA SOCIAL
SECRETÁRIO EXECUTIVO DO PROGRAMA DA AÇÃO SOLIDÁRIA
ADVOGADO GERAL DA UNIÃO
GABINETE DE SEGURANÇA INSTITUCIONAL
RADIOBRÁS

RELIGIÕES

IGREJA CATÓLICA
– Núncio Apostólico
– Cardeais
– Arcebispos

- Bispos
- Monsenhores
- Cônegos
- Padres, Presbíteros
- Diáconos

São considerados títulos honoríficos, os cardeais, monsenhores e diáconos. Os cardeais têm precedência por ordem de nomeação, assim como os demais.

Igreja Evangélica Batista
- Pastor
- Diácono
- Diretoria Executiva

As igrejas batistas são agrupadas pela Convenção Batista Brasileira.

Islamismo
Na verdade, não existe uma hierarquia na religião islâmica. A religião se funde à vida social e política dos países em que o islamismo predomina.

Os árabes islâmicos possuem algumas facções com líderes espirituais, como os Aiatolás e outros, em substituição aos antigos Califas, que até 1942 lideravam comunidades islâmicas.

Nas mesquitas há um líder de orações, que pode ser qualquer homem adulto da mesquita. Esse homem geralmente é um letrado, chamado de Imã, e possui um conhecimento profundo do Alcorão, Livro Sagrado do islamismo.

Budismo
O budismo é uma religião muito antiga e compreendia um sistema de castas. Hoje elas foram abolidas e o budismo possui a seguinte hierarquia:
- Dalai Lama, o principal líder religioso
- Monges e Monjas, sacerdotes que realizam casamentos e outros cultos

– Leigos seguidores do budismo
– Há ainda os Arhat, monges que atingiram um nível mais elevado

O budismo é uma religião monástica, isto é, os monges imitam a vida de Buda.

JUDAÍSMO
– Rabino, líder espiritual e responsável pelos estudos da congregação
– Cantor Sacro, leigo que dirige o serviço
– Grão-Rabino, lidera várias congregações

HINDUÍSMO
Possui um sistema de castas:
– Brâmane, sacerdote da classe mais alta
– Xátrias, guerreiros e governantes
– Vaixias, agricultores, comerciantes e artesãos
– Sudras, servos oriundos da classe dos trabalhadores

Legislação

O Decreto 70.274, de 9 de março de 1972, estabeleceu as normas do cerimonial público e a ordem geral de precedência. A seguir, o Capítulo I.

Art. 1° São aprovadas as normas do cerimonial público e a ordem geral de precedência, anexas ao presente Decreto, que se deverão observar nas solenidades oficiais realizadas na Capital da República, nos Estados, nos Territórios Federais e nas Missões diplomáticas do Brasil.

Art. 2° Este Decreto entrará em vigor na data de sua publicação, revogadas as disposições em contrário.

DAS NORMAS DO CERIMONIAL PÚBLICO

CAPÍTULO I
Da Precedência

Art. 1° O Presidente da República presidirá sempre a cerimônia a que comparecer.

Parágrafo único. Os antigos Chefes de Estado passarão logo após o Presidente do Supremo Tribunal Federal, desde que não exerçam qualquer função pública. Neste caso, a sua precedência será determinada pela função que estiverem exercendo.

Art. 2º Não comparecendo o Presidente da República, o Vice-Presidente da República presidirá a cerimônia a que estiver presente.

Parágrafo único. Os antigos Vice-Presidentes da República passarão logo após os antigos Chefes de Estado, com a ressalva prevista no parágrafo único do artigo 1º.

Art. 3º Os Ministros de Estado presidirão as solenidades promovidas pelos respectivos Ministérios.

Art. 4º A precedência entre os Ministros de Estado, ainda que interinos, é determinada pelo critério histórico de criação do respectivo Ministério. *(Confira a ordem no capítulo sobre precedências)*

§ 1º Quando estiverem presentes personalidades estrangeiras, o Ministro de Estado das Relações Exteriores terá precedência sobre seus colegas, observando-se critério análogo com relação ao Secretário-Geral de Política Exterior do Ministério das Relações Exteriores, que terá precedência sobre os Chefes dos Estados-Maiores da Armada e do Exército. O disposto no presente parágrafo não se aplica ao Ministro de Estado em cuja jurisdição ocorrer a cerimônia.

§ 2º Têm honras, prerrogativas e direitos de Ministro de Estado o Chefe do Gabinete Militar da Presidência da República, o Chefe do Gabinete Civil da Presidência da República, o Chefe do Serviço Nacional de Informações e o Chefe do Estado-Maior das Forças Armadas e, nessa ordem, passarão após os Ministros de Estado.

§ 3º O Consultor-Geral da República tem, para efeitos protocolares e de correspondência, o tratamento devido aos Ministros de Estado.

§ 4º Os antigos Ministros de Estado, Chefes do Gabinete Militar da Presidência da República, Chefes do Gabinete Civil da Presidência da República, Chefes do Serviço Nacional de Informações e Chefes do Estado-Maior das Forças Armadas, que hajam exercido as funções em caráter efetivo, passarão logo após os titulares em exercício, desde que não exerçam qualquer função pública, sendo, neste caso, a sua precedência determinada pela função que estiverem exercendo.

§ 5º A precedência entre os diferentes postos e cargos da mesma categoria corresponde à ordem de precedência histórica dos Ministérios.

Art. 5º Nas Missões diplomáticas, os Oficiais-Generais passarão logo depois do Ministro-Conselheiro que for o substituto do Chefe da Missão e os Capitães de Mar e Guerra, Coronéis e Coronéis-Aviadores, depois do Conselheiro ou do Primeiro Secretário que for o substituto do Chefe da Missão.

Parágrafo único. A precedência entre Adidos Militares será regulada pelo Cerimonial militar.

DA PRECEDÊNCIA NOS ESTADOS, DISTRITO FEDERAL E TERRITÓRIOS

Art. 6º Nos Estados, no Distrito Federal e nos Territórios, o Governador presidirá às solenidades a que comparecer, salvo as dos Poderes Legislativo e Judiciário e as de caráter exclusivamente militar, nas quais será observado o respectivo cerimonial.

Parágrafo único. Quando para as cerimônias militares for convidado o Governador, ser-lhe-á dado o lugar de honra.

Art. 7º No respectivo Estado, o Governador, o Vice-Governador, o Presidente da Assembleia Legislativa e o Presidente do Tribunal de Justiça terão, nessa ordem, precedência sobre as autoridades federais.

Parágrafo único. Tal determinação não se aplica aos Presidentes do Congresso Nacional da Câmara dos Deputados e do Supremo Tribunal Federal, aos Ministros de Estado, ao Chefe do Gabinete Militar da Presidência da República, ao Chefe do Gabinete Civil da Presidência da República, ao Chefe do Serviço Nacional de Informações, ao Chefe do Estado-Maior das Forças Armadas e ao Consultor-Geral da República, que passarão logo após o Governador.

Art. 8º A precedência entre os Governadores dos Estados, do Distrito Federal e dos Territórios é determinada pela ordem de constituição histórica dessas entidades. *(Confira a ordem no capítulo sobre precedências)*

Art. 9º A precedência entre membros do Congresso Nacional e entre membros das Assembleias Legislativas é determinada pela ordem de criação da unidade federativa a que pertençam e, dentro da mesma unidade, sucessivamente, pela data da diplomação ou pela idade.

Art. 10º Nos Municípios, o Prefeito presidirá as solenidades municipais.

Art. 11º Em igualdade de categoria, a precedência, em cerimônias de caráter federal, será a seguinte:

1º Os estrangeiros;

2º As autoridades e os funcionários da União;

3º As autoridades e os funcionários estaduais e municipais.

Art. 12º Quando o funcionário da carreira de diplomata ou o militar da ativa exercer função administrativa civil ou militar, observar-se-á a precedência que o beneficiar.

Art. 13º Os inativos passarão logo após os funcionários em serviço ativo de igual categoria, observado o disposto no § 4º do artigo 4º.

DA PRECEDÊNCIA DE PERSONALIDADES NACIONAIS E ESTRANGEIRAS

Art. 14º Os Cardeais da Igreja Católica, como possíveis sucessores do Papa, têm situação correspondente à dos Príncipes herdeiros.

Art. 15º Para a colocação de personalidades nacionais e estrangeiras, sem função oficial, o Chefe do Cerimonial levará em consideração a sua posição social, idade, cargos ou funções que ocupem ou tenham desempenhado ou a sua posição na hierarquia eclesiástica.

Parágrafo único. O Chefe do Cerimonial poderá intercalar entre as altas autoridades da República o Corpo Diplomático e personalidades estrangeiras.

CASOS OMISSOS

Art. 16° Nos casos omissos, o Chefe do Cerimonial, quando solicitado, prestará esclarecimentos de natureza protocolar bem como determinará a colocação de autoridades a personalidades que não constem da Ordem Geral de Precedência.

DA REPRESENTAÇÃO

Art. 17° Em jantares e almoços, nenhum convidado poderá fazer-se representar.

Art. 18° Quando o Presidente da República se fizer representar em solenidades ou cerimônias, o lugar que compete a seu representante é à direita da autoridade que as presidir.

§ 1° Do mesmo modo, os representantes dos Poderes Legislativo e Judiciário, quando membros dos referidos Poderes, terão a colocação que compete aos respectivos Presidentes.

§ 2° Nenhum convidado poderá fazer-se representar nas cerimônias a que comparecer o Presidente da República.

DOS DESFILES

Art. 19° Por ocasião dos desfiles civis ou militares, o Presidente da República terá a seu lado os Ministros de Estado a que estiverem subordinadas as corporações que desfilam.

DO HINO NACIONAL

Art. 20° A execução do Hino Nacional só terá início depois que o Presidente da República houver ocupado o lugar que lhe estiver reservado, salvo nas cerimônias sujeitas a regulamentos especiais.

Parágrafo único. Nas cerimônias em que se tenha de executar Hino Nacional estrangeiro, este precederá, em virtude do princípio de cortesia, o Hino Nacional Brasileiro.

DO PAVILHÃO PRESIDENCIAL

Art. 21° Na sede do Governo, deverão estar hasteados a Bandeira Nacional e o Pavilhão Presidencial, quando o Chefe de Estado estiver presente.

Parágrafo único. O Pavilhão Presidencial será igualmente hasteado:

I - Nos Ministérios e demais repartições federais, estaduais e municipais, sempre que o Chefe de Estado a eles comparecer; e

II - Nos locais onde estiver residindo o Chefe de Estado.

DA BANDEIRA NACIONAL

Art. 22° A Bandeira Nacional pode ser usada em todas as manifestações do sentimento patriótico dos brasileiros, de caráter oficial ou particular.

Art. 23° A Bandeira Nacional pode ser apresentada:

I - Hasteada em mastro ou adriças, nos edifícios públicos ou particulares, templos, campos de esporte, escritórios, salas de aula, auditórios, embarcações, ruas e praças, em qualquer lugar em que lhe seja assegurado o devido respeito;

II - Distendida e sem mastro, conduzida por aeronaves ou balões, aplicada sobre parede ou presa a um cabo horizontal ligando edifícios, árvores, postes ou mastros;

III - Reproduzida sobre paredes, tetos, vidraças, veículos e aeronaves;

IV - Compondo com outras bandeiras, panóplias, escudos ou peças semelhantes;

V - Conduzida em formaturas, desfiles, ou mesmo individualmente;

VI - Distendida sobre ataúde, até a ocasião do sepultamento.

Art. 24° A Bandeira Nacional estará permanentemente no topo de um mastro especial plantado na Praça dos Três Poderes de Brasília, no Distrito Federal, como símbolo perene da Pátria e sob a guarda do povo brasileiro.

§ 1° A substituição dessa Bandeira será feita com solenidades especiais no 1° domingo de cada mês, devendo o novo exemplar atingir o topo do mastro antes que o exemplar substituído comece a ser arriado.

§ 2° Na base do mastro especial estarão inscritos exclusivamente os seguintes dizeres:
Sob a guarda do povo brasileiro, nesta Praça dos Três Poderes, a Bandeira sempre no alto – visão permanente da Pátria.

Art. 25° Hasteia-se diariamente a Bandeira Nacional:

I - No Palácio da Presidência da República;

II - Nos edifícios-sede dos Ministérios;

III - Nas Casas do Congresso Nacional;

IV - No Supremo Tribunal Federal, nos Tribunais Superiores e nos Tribunais Federais de Recursos;

V - Nos edifícios-sede dos poderes executivo, legislativo e judiciário dos Estados, Territórios e Distrito Federal;

VI - Nas Prefeituras e Câmaras Municipais;

VII - Nas repartições federais, estaduais e municipais situadas na faixa de fronteira;

VIII - Nas Missões Diplomáticas, Delegação junto a Organismos Internacionais e Repartições Consulares de carreira, respeitados os usos locais dos países em que tiverem sede;

IX - Nas unidades da Marinha Mercante, de acordo com as Leis e Regulamentos da navegação, polícia naval e praxes internacionais.

Art. 26° Hasteia-se obrigatoriamente, a Bandeira Nacional, nos dias de festa ou de luto nacional em todas as repartições públicas, nos estabelecimentos de ensino e sindicatos.

Parágrafo único. Nas escolas públicas ou particulares, é obrigatório o hasteamento solene da Bandeira Nacional, durante o ano letivo, pelo menos uma vez por semana.

Art. 27° A Bandeira Nacional pode ser hasteada e arriada a qualquer hora do dia ou da noite.

§ 1° Normalmente faz-se o hasteamento às 8 horas e o arriamento às 18 horas.

§ 2° No dia 19 de novembro, Dia da Bandeira, o hasteamento é realizado às 12 horas, com solenidades especiais.

§ 3° Durante a noite a Bandeira deve estar devidamente iluminada.

Art. 28° Quando várias bandeiras são hasteadas ou arriadas simultaneamente, a Bandeira Nacional é a primeira a atingir o tope e a última a dele descer.

Art. 29° Quando em funeral, a Bandeira fica a meio-mastro ou a meia-adriça. Nesse caso, no hasteamento ou arriamento deve ser levada inicialmente até o tope.

Parágrafo único. Quando conduzida em marcha, indica-se o luto por um laço de crepe atado junto à lança.

Art. 30° Hasteia-se a Bandeira Nacional em funeral nas seguintes situações:

I - Em todo o País, quando o Presidente da República decretar luto oficial;

II - Nos edifícios-sede dos poderes legislativo federais, estaduais ou municipais, quando determinado pelos respectivos presidentes, por motivo de falecimento de um de seus membros;

III - No Supremo Tribunal Federal, nos Tribunais Superiores, nos Tribunais Federais de Recursos e nos Tribunais de Justiça estaduais, quando determinado pelos respectivos presidentes, pelo falecimento de um de seus ministros ou desembargadores;

IV - Nos edifícios-sede dos Governos dos Estados, Territórios, Distrito Federal e Municípios por motivo do falecimento do Governador ou Prefeito, quando determinado luto oficial pela autoridade que o substituir;

V - Nas sedes de Missões Diplomáticas, segundo as normas e usos do país em que estão situadas.

Art. 31° A Bandeira Nacional, em todas as apresentações no território nacional, ocupa lugar de honra, compreendido como uma posição:

I - Central ou a mais próxima do centro e à direita deste, quando com outras bandeiras pavilhões ou estandartes, em linha de mastros, panóplias, escudos ou peças semelhantes;

II - Destacada à frente de outras bandeiras, quando conduzida em formaturas ou desfiles;

III - À direita de tribunas, púlpitos, mesas de reunião ou de trabalho.

Parágrafo único. Considera-se direita de um dispositivo de bandeiras a direita de uma pessoa colocada junto a ele e voltada para a rua, para a plateia ou, de modo geral, para o público que observa o dispositivo.

Art. 32° A Bandeira Nacional, quando não estiver em uso, deve ser guardada em local digno.

Art. 33° Nas repartições públicas e organizações militares, quando a Bandeira é hasteada em mastro colocada no solo, sua largura não deve ser maior que 1/5 (um quinto) nem menor que 1/7 (um sétimo) da altura do respectivo mastro.

Art. 34° Quando distendida e sem mastro, coloca-se a Bandeira de modo que o lado maior fique na horizontal e a estrela isolada em cima, não podendo ser ocultada, mesmo parcialmente, por pessoas sentadas em suas imediações.

Art. 35° A Bandeira Nacional nunca se abate em continência.

DAS HONRAS MILITARES

Art. 36° Além das autoridades especificadas no cerimonial militar, serão prestadas honras militares aos Embaixadores e Ministros Plenipotenciários que vierem a falecer no exercício de suas funções no exterior.

Parágrafo único. O Governo pode determinar que honras militares sejam excepcionalmente prestadas a outras autoridades.

(A continuação do decreto encontra-se na página eletrônica deste livro no site da Editora Contexto: www.editoracontexto.com.br.)

ORDEM GERAL DE PRECEDÊNCIA

Em cerimônias oficiais:

NOS ESTADOS, COM A PRESENÇA DE AUTORIDADES FEDERAIS

1 - Presidente da República

2 - Vice-Presidente da República
Governador do Estado da União em que se processa a cerimônia
Cardeais
Embaixadores estrangeiros

3 - Presidente do Congresso Nacional
Presidente da Câmara dos Deputados
Presidente do Supremo Tribunal Federal

4 - Ministros de Estado
Chefe do Gabinete Militar da Presidência da República
Chefe do Gabinete Civil da Presidência da República
Chefe do Serviço Nacional de Informações
Chefe do Estado-Maior das Forças Armadas
Consultor-Geral da República
Vice-Governador do Estado da União em que se processa a cerimônia
Presidente da Assembleia Legislativa do Estado da União em que se processa a cerimônia
Presidente do Tribunal de Justiça do Estado em que se processa a cerimônia
Enviados Extraordinários e Ministros Plenipotenciários estrangeiros
Presidente do Tribunal Superior Eleitoral
Ministros do Supremo Tribunal Federal
Procurador-Geral da República
Governadores dos outros Estados da União e do Distrito Federal
Senadores
Deputados Federais
Almirantes

Marechais
Marechais do Ar
Chefe do Estado-Maior da Armada
Chefe do Estado-Maior do Exército
Secretário-Geral de Política Exterior
Chefe do Estado-Maior da Aeronáutica

5 - Almirantes de Esquadra
Generais de Exército
Embaixadores Extraordinários e Plenipotenciários (Ministros de
1ª classe)
Tenentes-Brigadeiros
Presidente do Tribunal Federal de Recursos
Presidente do Superior Tribunal Militar
Presidente do Tribunal Superior do Trabalho
Ministros do Tribunal Superior Eleitoral
Prefeito da Capital estadual em que se processa a cerimônia
Encarregados de Negócios estrangeiros

6 - Ministros do Tribunal Federal de Recursos
Ministros do Superior Tribunal Militar
Ministros do Tribunal Superior do Trabalho
Vice-Almirantes
Generais de Divisão
Embaixadores (Ministros de 1ª classe)
Majores-Brigadeiros
Chefes de Igreja sediados no Brasil
Arcebispos católicos ou equivalentes de outras religiões
Presidente do Tribunal de Contas da União
Presidente do Tribunal Marítimo
Diretores-Gerais das Secretarias do Senado Federal e da Câmara
dos Deputados
Substitutos eventuais dos Ministros de Estado
Secretários-Gerais dos Ministérios
Reitores das Universidades Federais
Diretor-Geral do Departamento de Polícia Federal

Presidente do Banco Central do Brasil
Presidente do Banco do Brasil
Presidente do Banco Nacional de Desenvolvimento Econômico
Presidente do Banco Nacional de Habitação
Ministros do Tribunal de Contas da União
Juízes do Tribunal Superior do Trabalho
Subprocuradores-Gerais da República
Procuradores-Gerais da Justiça Militar
Procuradores-Gerais da Justiça do Trabalho
Procuradores-Gerais do Tribunal de Contas da União
Vice-Governadores de outros Estados da União
Secretário da Receita Federal
Personalidades inscritas no Livro do Mérito
Prefeito da cidade em que se processa a cerimônia
Presidente da Câmara Municipal da cidade em que se processa a cerimônia
Juiz de Direito da Comarca em que se processa a cerimônia
Prefeitos das cidades de mais de um milhão (1.000.000) de habitantes
Presidente da Caixa Econômica Federal
Ministros-Conselheiros estrangeiros
Cônsules-Gerais estrangeiros
Adidos Militares estrangeiros (Oficiais-Generais)

7 - Contra-Almirantes
Generais de Brigada
Embaixadores Comissionados ou Ministros de 2ª classe
Brigadeiros do Ar
Diretor-Geral do Departamento Administrativo do Pessoal Civil
Chefe do Gabinete da Vice-Presidência da República
Subchefes dos Gabinetes Militar e Civil da Presidência da República
Assessor Especial da Presidência da República
Assessor-Chefe da Assessoria Especial de Relações Públicas da Presidência da República
Assistente-Secretário do Chefe do Gabinete Militar da Presidência da República
Secretários Particulares do Presidente da República

Chefe do Cerimonial da Presidência da República
Secretário de Imprensa da Presidência da República
Diretor-Geral da Agência Nacional
Presidente da Central de Medicamentos
Chefe do Gabinete da Secretaria-Geral do Conselho de Segurança Nacional
Chefe do Gabinete do Serviço Nacional de Informações
Chefe do Gabinete do Estado-Maior das Forças Armadas
Chefe da Agência Central do Serviço Nacional de Informações
Presidente do Tribunal Regional Eleitoral
Governadores dos Territórios
Procurador da República no Estado
Procurador-Geral do Estado
Presidente do Tribunal Regional do Trabalho
Presidente do Tribunal de Contas do Estado
Presidente do Tribunal de Alçada do Estado
Presidente do Conselho Nacional de Pesquisas
Presidente do Conselho Federal de Educação
Presidente do Conselho Federal de Cultura
Chanceler da Ordem Nacional do Mérito
Presidente da Academia Brasileira de Letras
Presidente da Academia Brasileira de Ciências
Presidente da Associação Brasileira de Imprensa
Diretores do Gabinete Civil da Presidência da República
Diretores-Gerais dos Departamentos de Ministérios
Superintendentes de Órgãos Federais
Presidentes dos Institutos e Fundações Nacionais
Presidentes dos Conselhos e Comissões Federais
Presidentes das Entidades Autárquicas, Sociedades de Economia Mista e Empresas Públicas de âmbito nacional
Chefes dos Gabinetes dos Ministros de Estado
Reitores das Universidades Estaduais e Particulares
Membros do Conselho Nacional de Pesquisas
Membros do Conselho Federal de Educação
Membros do Conselho Federal de Cultura
Secretários do Governo do Estado em que se processa a cerimônia

Bispos católicos ou equivalentes de outras religiões
Conselheiros estrangeiros
Adidos e Adjuntos Militares estrangeiros (Capitães de Mar e Guerra, Coronéis e Coronéis-Aviadores)

8 - Presidentes das Confederações Patronais e de Trabalhadores de âmbito nacional
Consultores Jurídicos dos Ministérios
Membros da Academia Brasileira de Letras
Membros da Academia Brasileira de Ciências
Diretores do Banco Central do Brasil
Diretores do Banco do Brasil
Diretores do Banco Nacional de Desenvolvimento Econômico
Diretores do Banco Nacional de Habitação
Capitães de Mar e Guerra
Coronéis
Conselheiros
Coronéis-Aviadores
Deputados do Estado em que se processa a cerimônia
Desembargadores do Tribunal de Justiça do Estado em que se processa a cerimônia
Adjuntos dos Gabinetes Militar e Civil da Presidência da República
Prefeitos das cidades de mais de quinhentos mil (500.000) habitantes
Delegados dos Ministérios no Estado em que se processa a cerimônia
Primeiros Secretários estrangeiros
Cônsules estrangeiros
Consultor-Geral do Estado em que se processa a cerimônia
Juízes do Tribunal Marítimo
Juízes do Tribunal Regional Eleitoral do Estado em que se processa a cerimônia
Juízes do Tribunal Regional do Trabalho do Estado em que se processa a cerimônia
Presidentes das Câmaras Municipais da Capital e das cidades de mais de um milhão (1.000.000) de habitantes
Adidos e Adjuntos Militares estrangeiros (Capitães de Fragata, Tenentes-Coronéis e Tenentes-Coronéis-Aviadores)

9 - Juiz Federal

Juízes do Tribunal de Contas do Estado em que se processa a cerimônia

Juízes do Tribunal de Alçada do Estado em que se processa a cerimônia

Presidentes dos Institutos e Fundações Regionais e Estaduais

Presidentes das Entidades Autárquicas, Sociedades de Economia Mista e Empresas Públicas de âmbito regional ou estadual

Diretores das Faculdades Federais

Monsenhores católicos ou equivalentes de outras religiões

Ajudantes de ordens do Presidente da República (Majores)

Capitães de Fragata

Tenentes-Coronéis

Primeiros Secretários

Tenentes-Coronéis-Aviadores

Chefes de Serviço da Presidência da República

Presidentes das Federações Patronais e de Trabalhadores de âmbito regional ou estadual

Presidentes das Câmaras Municipais das Capitais dos Estados da União e das cidades de mais de quinhentos mil (500.000) habitantes

Juízes de Direito

Procuradores Regionais do Trabalho

Diretores de Repartições Federais

Auditores da Justiça Militar

Auditores do Tribunal de Contas

Promotores Públicos

Procuradores Adjuntos da República

Diretores das Faculdades Estaduais e Particulares

Segundos Secretários estrangeiros

Vice-Cônsules estrangeiros

Adidos e Adjuntos Militares estrangeiros (Capitães de Corveta, Majores e Majores-Aviadores)

10 - Ajudantes de ordens do Presidente da República (Capitães)
Adjuntos dos Serviços da Presidência da República
Oficiais do Gabinete Civil da Presidência da República
Chefes de Departamento das Universidades Federais
Diretores de Divisão dos Ministérios
Prefeitos das cidades de mais de cem mil (100.000) habitantes
Capitães de Corveta
Majores
Segundos Secretários
Majores-Aviadores
Secretários-Gerais dos Territórios
Diretores de Departamento das Secretarias do Estado em que se
processa a cerimônia
Presidentes dos Conselhos Estaduais
Chefes de Departamento das Universidades Estaduais e Particulares
Presidentes das Câmaras Municipais das cidades de mais de cem
mil (100.000) habitantes
Terceiros Secretários estrangeiros
Adidos e Adjuntos Militares estrangeiros (Capitães-Tenentes,
Capitães e Capitães-Aviadores)

11 - Professores de Universidade
Demais Prefeitos Municipais
Cônegos católicos ou equivalentes de outras religiões
Capitães-Tenentes
Capitães
Terceiros Secretários
Capitães-Aviadores
Presidentes das demais Câmaras Municipais
Diretores de Repartições do Estado em que se processa a cerimônia
Diretores de Escolas de Ensino Secundário
Vereadores Municipais

LEI N° 5.700, DE 1 DE SETEMBRO DE 1971.

Dispõe sobre a forma e a apresentação dos Símbolos Nacionais, e dá outras providências.

O PRESIDENTE DA REPÚBLICA, faço saber que o CONGRESSO NACIONAL decreta e eu sanciono a seguinte Lei:

CAPÍTULO I
Disposição Preliminar

Art. 1° São Símbolos Nacionais: (Redação dada pela Lei n° 8.421, de 1992)

I - A Bandeira Nacional; (Redação dada pela Lei n° 8.421, de 1992)

II - O Hino Nacional; (Redação dada pela Lei n° 8.421, de 1992)

III - As Armas Nacionais; e (Incluído pela Lei n° 8.421, de 1992)

IV - O Selo Nacional. (Incluído pela Lei n° 8.421, de 1992)

CAPÍTULO II
Da forma dos Símbolos Nacionais

SEÇÃO I
Dos Símbolos em Geral

Art. 2° Consideram-se padrões dos Símbolos Nacionais os modelos compostos de conformidade com as especificações e regras básicas estabelecidas na presente lei.

SEÇÃO II
Da Bandeira Nacional

Art. 3° A Bandeira Nacional, adotada pelo Decreto n° 4, de 19 de novembro de 1889, com as modificações da Lei n° 5.443, de 28 de maio de 1968, fica alterada na forma do Anexo I desta lei, devendo ser atualizada sempre que ocorrer a criação ou a extinção de Estados.

(Redação dada pela Lei n° 8.421, de 1992)

§ 1° As constelações que figuram na Bandeira Nacional correspondem ao aspecto do céu, na cidade do Rio de Janeiro, às 8 horas e 30 minutos do dia 15 de novembro de 1889 (doze horas siderais) e devem ser consideradas como vistas por um observador situado fora da esfera celeste. (Incluído pela Lei n° 8.421, de 1992)

§ 2° Os novos Estados da Federação serão representados por estrelas que compõem o aspecto celeste referido no parágrafo anterior, de modo a permitir-lhes a inclusão no círculo azul da Bandeira Nacional sem afetar a disposição estética original constante do desenho proposto pelo Decreto n° 4, de 19 de novembro de 1889. (Incluído pela Lei n° 8.421, de 1992)

§ 3° Serão suprimidas da Bandeira Nacional as estrelas correspondentes aos Estados extintos, permanecendo a designada para representar o novo Estado, resultante de fusão, observado, em qualquer caso, o disposto na parte final do parágrafo anterior. (Incluído pela Lei n° 8.421, de 1992)

Art. 4° A Bandeira Nacional em tecido, para as repartições públicas em geral, federais, estaduais, e municipais, para quartéis e escolas públicas e particulares, será executada em um dos seguintes tipos: tipo 1, com um pano de 45 centímetros de largura; tipo 2, com dois panos de largura; tipo 3, três panos de largura; tipo 4 quatro panos de largura; tipo 5, cinco panos de largura; tipo 6, seis panos de largura; tipo 7, sete panos de largura.

Parágrafo único. Os tipos enumerados neste artigo são os normais. Poderão ser fabricados tipos extraordinários de dimensões maiores, menores ou intermediárias, conforme as condições de uso, mantidas, entretanto, as devidas proporções.

Art. 5° A feitura da Bandeira Nacional obedecerá às seguintes regras (Anexo n° 2):

I - Para cálculo das dimensões, tomar-se-á por base a largura desejada, dividindo-se esta em 14 (quatorze) partes iguais. Cada uma das partes será considerada uma medida ou módulo.

II - O comprimento será de vinte módulos (20M).

III - A distância dos vértices do losango amarelo ao quadro externo será de um módulo e sete décimos (1,7M).

IV - O círculo azul no meio do losango amarelo terá o raio de três módulos e meio (3,5M).

V - O centro dos arcos da faixa branca estará dois módulos (2M) à esquerda do ponto do encontro do prolongamento do diâmetro vertical do círculo com a base do quadro externo (ponto C indicado no Anexo n° 2).

VI - O raio do arco inferior da faixa branca será de oito módulos (8M); o raio do arco superior da faixa branca será de oito módulos e meio (8,5M).

VII - A largura da faixa branca será de meio módulo (0,5M).

VIII - As letras da legenda Ordem e Progresso serão escritas em cor verde. Serão colocadas no meio da faixa branca, ficando, para cima e para baixo, um espaço igual em branco. A letra P ficará sobre o diâmetro vertical do círculo. A distribuição das demais letras far-se-á conforme a indicação do Anexo n° 2. As letras da palavra Ordem e da palavra Progresso terão um terço de módulo (0,33M) de altura. A largura dessas letras será de três décimos de módulo (0,30M). A altura da letra da conjunção E será de três décimos de módulo (0,30M). A largura dessa letra será de um quarto de módulo (0,25M).

IX - As estrelas serão de 5 (cinco) dimensões: de primeira, segunda, terceira, quarta e quinta grandezas. Devem ser traçadas dentro de círculos cujos diâmetros são: de três décimos de módulo (0,30M) para as de primeira grandeza; de um quarto de módulo (0,25M) para as de segunda grandeza; de um quinto de módulo (0,20M) para as de terceira grandeza; de um sétimo de módulo (0,14M) para as de quarta grandeza;

e de um décimo de módulo (0,10M) para a de quinta grandeza.

X - As duas faces devem ser exatamente iguais, com a faixa branca inclinada da esquerda para a direita (do observador que olha a faixa de frente), sendo vedado fazer uma face como avesso da outra.

SEÇÃO III
Do Hino Nacional

Art. 6º O Hino Nacional é composto da música de Francisco Manoel da Silva e do poema de Joaquim Osório Duque Estrada, de acordo com o que dispõem os Decretos nº 171, de 20 de janeiro de 1890, e nº 15.671, de 6 de setembro de 1922, conforme consta dos Anexos números 3, 4, 5, 6, e 7.

Parágrafo único. A marcha batida, de autoria do mestre de música Antão Fernandes, integrará as instrumentações de orquestra e banda, nos casos de execução do Hino Nacional, mencionados no inciso I do art. 25 desta lei, devendo ser mantida e adotada a adaptação vocal, em fá maior, do maestro Alberto Nepomuceno.

SEÇÃO IV
Das Armas Nacionais

Art. 7º As Armas Nacionais são as instituídas pelo Decreto nº 4 de 19 de novembro de 1889 com a alteração feita pela Lei nº 5.443, de 28 de maio de 1968 (Anexo nº 8).

Art. 8º A feitura das Armas Nacionais deve obedecer à proporção de 15 (quinze) de altura por 14 (quatorze) de largura, e atender às seguintes disposições:

I - O escudo redondo será constituído em campo azul-celeste, contendo cinco estrelas de prata, dispostas na forma da constelação Cruzeiro do sul, com a bordadura do campo perfilada de ouro, carregada de estrelas de prata em número igual ao das estrelas existentes na Bandeira Nacional; (Redação dada pela Lei nº 8.421, de 1992)

II - O escudo ficará pousado numa estrela partida-gironada, de 10 (dez) peças de sinopla e ouro, bordada de 2 (duas) tiras, a interior de goles e a exterior de ouro.

III - O todo brocante sobre uma espada, em pala, empunhada de ouro, guardas de blau, salvo a parte do centro, que é de goles e contendo uma estrela de prata, figurará sobre uma coroa formada de um ramo de café frutificado, à destra, e de outro de fumo florido, à sinistra, ambos da própria cor, atados de blau, ficando o conjunto sobre um resplendor de ouro, cujos contornos formam uma estrela de 20 (vinte) pontas.

IV - Em listel de blau, brocante sobre os punhos da espada, inscrever-se-á, em ouro, a legenda República Federativa do Brasil, no centro, e ainda as expressões "15 de novembro", na extremidade destra, e as expressões "de 1889", na sinistra.

SEÇÃO V
Do Selo Nacional

Art. 9º O Selo Nacional será constituído, de conformidade com o Anexo nº 9, por um círculo representando uma esfera celeste, igual ao que se acha no centro da Bandeira Nacional, tendo em volta as palavras República Federativa do Brasil. Para a feitura do Selo Nacional observar-se-á o seguinte:

I - Desenham-se 2 (duas) circunferências concêntricas, havendo entre os seus raios a proporção de 3 (três) para 4 (quatro).

II - A colocação das estrelas, da faixa e da legenda Ordem e Progresso no círculo inferior obedecerá as mesmas regras estabelecidas para a feitura da Bandeira Nacional.

III - As letras das palavras República Federativa do Brasil terão de altura um sexto do raio do círculo inferior, e, de largura, um sétimo do mesmo raio.

CAPÍTULO III
Da Apresentação dos Símbolos Nacionais

SEÇÃO I

Da Bandeira Nacional

Art. 10° A Bandeira Nacional pode ser usada em todas as manifestações do sentimento patriótico dos brasileiros, de caráter oficial ou particular.

Art. 11° A Bandeira Nacional pode ser apresentada:

I - Hasteada em mastro ou adriças, nos edifícios públicos ou particulares, templos, campos de esporte, escritórios, salas de aula, auditórios, embarcações, ruas e praças, e em qualquer lugar em que lhe seja assegurado o devido respeito;

II - Distendida e sem mastro, conduzida por aeronaves ou balões, aplicada sobre parede ou presa a um cabo horizontal ligando edifícios, árvores, postes ou mastro;

III - Reproduzida sobre paredes, tetos, vidraças, veículos e aeronaves;

IV - Compondo, com outras bandeiras, panóplias, escudos ou peças semelhantes;

V - Conduzida em formaturas, desfiles, ou mesmo individualmente;

VI - Distendida sobre ataúdes, até a ocasião do sepultamento.

Art. 12° A Bandeira Nacional estará permanentemente no topo de um mastro especial plantado na Praça dos Três Poderes de Brasília, no Distrito Federal, como símbolo perene da Pátria e sob a guarda do povo brasileiro.

§ 1° A substituição dessa Bandeira será feita com solenidades especiais no 1° domingo de cada mês, devendo o novo exemplar atingir o topo do mastro antes que o exemplar substituído comece a ser arriado.

2° Na base do mastro especial estarão inscritos exclusivamente os seguintes dizeres:
Sob a guarda do povo brasileiro, nesta Praça dos Três Poderes, a Bandeira sempre no alto.

- visão permanente da Pátria.

Art. 13° Hasteia-se diariamente a Bandeira Nacional e a do Mercosul: (Redação dada pela Lei n° 12.157, de 2009)

I - No Palácio da Presidência da República e na residência do Presidente da República;

II - Nos edifícios-sede dos Ministérios;

III - Nas Casas do Congresso Nacional;

IV - No Supremo Tribunal Federal, nos Tribunais Superiores, nos Tribunais Federais de Recursos e nos Tribunais de Contas da União, dos Estados, do Distrito Federal e dos Municípios; (Redação dada pela Lei n° 5.812, de 1972)

V - Nos edifícios-sede dos poderes executivo, legislativo e judiciário dos Estados, Territórios e Distrito Federal;

VI - Nas Prefeituras e Câmaras Municipais;

VII - Nas repartições federais, estaduais e municipais situadas na faixa de fronteira;

VIII - Nas Missões Diplomáticas, Delegações junto a Organismos Internacionais e Repartições Consulares de carreira respeitados os usos locais dos países em que tiverem sede.

IX - Nas unidades da Marinha Mercante, de acordo com as Leis e Regulamentos da navegação, polícia naval e praxes internacionais.

Art. 14° Hasteia-se, obrigatoriamente, a Bandeira Nacional, nos dias de festa ou de luto nacional, em todas as repartições públicas, nos estabelecimentos de ensino e sindicatos.

Parágrafo único. Nas escolas públicas ou particulares, é obrigatório o hasteamento solene da Bandeira Nacional, durante o ano letivo, pelo menos uma vez por semana.

Art. 15° A Bandeira Nacional pode ser hasteada e arriada a qualquer hora do dia ou da noite.

§ 1° Normalmente faz-se o hasteamento às 8 horas e o arriamento às 18 horas.

§ 2° No dia 19 de novembro, Dia da Bandeira, o hasteamento é realizado às 12 horas, com solenidades especiais.

§ 3° Durante a noite a Bandeira deve estar devidamente iluminada.

Art. 16° Quando várias bandeiras são hasteadas ou arriadas simultaneamente, a Bandeira Nacional é a primeira a atingir o tope e a última a dele descer.

Art. 17° Quando em funeral, a Bandeira fica a meio-mastro ou a meia-adriça. Nesse caso, no hasteamento ou arriamento, deve ser levada inicialmente até o tope.

Parágrafo único. Quando conduzida em marcha, indica-se o luto por um laço de crepe atado junto à lança.

Art. 18° Hasteia-se a Bandeira Nacional em funeral nas seguintes situações, desde que não coincidam com os dias de festa nacional:

I - Em todo o País, quando o Presidente da República decretar luto oficial;

II - Nos edifícios-sede dos poderes legislativos federais, estaduais ou municipais, quando determinado pelos respectivos presidentes, por motivo de falecimento de um de seus membros;

III - No Supremo Tribunal Federal, nos Tribunais Superiores, nos Tribunais Federais de Recursos, nos Tribunais de Contas da União, dos Estados, do Distrito Federal e dos Municípios e nos Tribunais de Justiça estaduais, quando determinado pelos respectivos presidentes, pelo falecimento de um de seus ministros, desembargadores ou conselheiros. (Redação dada pela Lei n° 5.812, de 1972)

IV - Nos edifícios-sede dos Governos dos Estados, Territórios, Distrito Federal e Municípios, por motivo do falecimento do Governador ou Prefeito, quando determinado luto oficial pela autoridade que o substituir;

V - Nas sedes de Missões Diplomáticas, segundo as normas e usos do país em que estão situadas.

Art. 19° A Bandeira Nacional, em todas as apresentações no território nacional, ocupa lugar de honra, compreendido como uma posição:

I - Central ou a mais próxima do centro e à direita deste, quando com outras bandeiras, pavilhões ou estandartes, em linha de mastros, panóplias, escudos ou peças semelhantes;

II - Destacada à frente de outras bandeiras, quando conduzida em formaturas ou desfiles;

III - A direita de tribunas, púlpitos, mesas de reunião ou de trabalho. Parágrafo único. Considera-se direita de um dispositivo de bandeiras a direita de uma pessoa colocada junto a ele e voltada para a rua, para a plateia ou de modo geral, para o público que observa o dispositivo.

Art. 20° A Bandeira Nacional, quando não estiver em uso, deve ser guardada em local digno.

Art. 21° Nas repartições públicas e organizações militares, quando a Bandeira é hasteada em mastro colocado no solo, sua largura não deve ser maior que 1/5 (um quinto) nem menor que 1/7 (um sétimo) da altura do respectivo mastro.

Art. 22° Quando distendida e sem mastro, coloca-se a Bandeira de modo que o lado maior fique na horizontal e a estrela isolada em cima, não podendo ser ocultada, mesmo parcialmente, por pessoas sentadas em suas imediações.

Art. 23° A Bandeira Nacional nunca se abate em continência.

SEÇÃO II

Do Hino Nacional

Art. 24° A execução do Hino Nacional obedecerá às seguintes prescrições:

I - Será sempre executado em andamento metronômico de uma semínima igual a 120 (cento e vinte);

II - É obrigatória a tonalidade de si bemol para a execução instrumental simples;

III - Far-se-á o canto sempre em uníssono;

IV - Nos casos de simples execução instrumental tocar-se-á a música integralmente, mas sem repetição; nos casos de execução vocal, serão sempre cantadas as duas partes do poema;

V - Nas continências ao Presidente da República, para fins exclusivos do Cerimonial Militar, serão executados apenas a introdução e os acordes finais, conforme a regulamentação específica.

Art. 25° Será o Hino Nacional executado:

I - Em continência à Bandeira Nacional e ao Presidente da República, ao Congresso Nacional e ao Supremo Tribunal Federal, quando incorporados; e nos demais casos expressamente determinados pelos regulamentos de continência ou cerimônias de cortesia internacional;

II - Na ocasião do hasteamento da Bandeira Nacional, previsto no parágrafo único do Art. 14°.

§ 1° A execução será instrumental ou vocal de acordo com o cerimonial previsto em cada caso.

§ 2° É vedada a execução do Hino Nacional, em continência, fora dos casos previstos no presente artigo.

§ 3° Será facultativa a execução do Hino Nacional na abertura de sessões cívicas, nas cerimônias religiosas a que se associe sentido patriótico, no início ou no encerramento das transmissões diárias das emissoras de rádio e televisão, bem assim para exprimir regozijo público em ocasiões festivas.

§ 4° Nas cerimônias em que se tenha de executar um Hino Nacional Estrangeiro, este deve, por cortesia, preceder o Hino Nacional Brasileiro.

SEÇÃO III
Das Armas Nacionais

Art. 26° É obrigatório o uso das Armas Nacionais;
I - No Palácio da Presidência da República e na residência do Presidente da República;

II - Nos edifícios-sede dos Ministérios;

III - Nas Casas do Congresso Nacional;

IV - No Supremo Tribunal Federal, nos Tribunais Superiores e nos Tribunais Federais de Recursos;

V - Nos edifícios-sede dos poderes executivo, legislativo e judiciário dos Estados, Territórios e Distrito Federal;

VI - Nas Prefeituras e Câmaras Municipais;

VII - Na frontaria dos edifícios das repartições públicas federais;

VIII - Nos quartéis das forças federais de terra, mar e ar e das Polícias Militares e Corpos de Bombeiros Militares, nos seus armamentos, bem como nas fortalezas e nos navios de guerra; (Redação dada pela Lei nº 8.421, de 1992)

IX - Na frontaria ou no salão principal das escolas públicas;

X - Nos papéis de expediente, nos convites e nas publicações oficiais de nível federal.

SEÇÃO IV
Do Selo Nacional

Art. 27º O Selo Nacional será usado para autenticar os atos de governo e bem assim os diplomas e certificados expedidos pelos estabelecimentos de ensino oficiais ou reconhecidos.

CAPÍTULO IV
Das Cores Nacionais

Art. 28º Consideram-se cores nacionais o verde e o amarelo.

Art. 29º As Cores nacionais podem ser usadas sem quaisquer restrições, inclusive associadas a azul e branco.

CAPÍTULO V
Do respeito devido à Bandeira Nacional e ao Hino Nacional

Art. 30º Nas cerimônias de hasteamento ou arriamento, nas ocasiões em que a Bandeira se apresentar em marcha ou cortejo, assim como durante a execução do Hino Nacional, todos devem tomar atitude de respeito, de pé e em silêncio, o civis do sexo masculino com a cabeça descoberta e os militares em continência, segundo os regulamentos das respectivas corporações.

Parágrafo único. É vedada qualquer outra forma de saudação.

Art. 31º São consideradas manifestações de desrespeito à Bandeira Nacional, e portanto proibidas:

I - Apresentá-la em mau estado de conservação.

II - Mudar-lhe a forma, as cores, as proporções, o dístico ou acrescentar-lhe outras inscrições;

III - Usá-la como roupagem, reposteiro, pano de boca, guarnição de mesa, revestimento de tribuna, ou como cobertura de placas, retratos, painéis ou monumentos a inaugurar;

IV - Reproduzi-la em rótulos ou invólucros de produtos expostos à venda.

Art. 32° As Bandeiras em mau estado de conservação devem ser entregues a qualquer Unidade Militar, para que sejam incineradas no Dia da Bandeira, segundo o cerimonial peculiar.

Art. 33° Nenhuma bandeira de outra nação pode ser usada no País sem que esteja ao seu lado direito, de igual tamanho e em posição de realce, a Bandeira Nacional, salvo nas sedes das representações diplomáticas ou consulares.

Art. 34° É vedada a execução de quaisquer arranjos vocais do Hino Nacional, a não ser o de Alberto Nepomuceno; igualmente não será permitida a execução de arranjos artísticos instrumentais do Hino Nacional que não sejam autorizados pelo Presidente da República, ouvido o Ministério da Educação e Cultura.

CAPÍTULO VI
Das Penalidades

Art. 35° A violação de qualquer disposição desta Lei, excluídos os casos previstos no art. 44 do Decreto-lei n° 898, de 29 de setembro de 1969, é considerada contravenção, sujeito o infrator à pena de multa de uma a quatro vezes o maior valor de referência vigente no País, elevada ao dobro nos casos de reincidência. (Redação dada pela Lei n° 6.913, de 1981)

Art. 36° O processo das infrações a que alude o artigo anterior obedecerá ao rito previsto para as contravenções penais em geral. (Redação dada pela Lei n° 6.913, de 1981)

CAPÍTULO VII
Disposições Gerais

Art. 37° Haverá nos Quartéis-Generais das Forças Armadas, na Casa da Moeda, na Escola Nacional de Música, nas embaixadas, legações e consulados do Brasil, nos museus históricos oficiais, nos comandos de unidades de terra, mar e ar, capitanias de portos e alfândegas, e nas prefeituras municipais, uma coleção de exemplares-padrão dos Símbolos Nacionais, a fim de servirem de modelos obrigatórios para a respectiva feitura, constituindo o instrumento de confronto para a aprovação dos exemplares destinados à apresentação, procedam ou não da iniciativa particular.

Art. 38° Os exemplares da Bandeira Nacional e das Armas Nacionais não podem ser postos à venda, nem distribuídos gratuitamente sem que tragam na tralha do primeiro e no reverso do segundo a marca e o endereço do fabricante ou editor, bem como a data de sua feitura.

Art. 39° É obrigatório o ensino do desenho e do significado da Bandeira Nacional, bem como do canto e da interpretação da letra do Hino Nacional em todos os estabelecimentos de ensino, públicos ou particulares, do primeiro e segundo graus.

Parágrafo único: Nos estabelecimentos públicos e privados de ensino fundamental, é obrigatória a execução do Hino Nacional uma vez por semana. (Incluído pela Lei n° 12.031, de 2009)

Art. 40° Ninguém poderá ser admitido no serviço público sem que demonstre conhecimento do Hino Nacional.

Art. 41° O Ministério da Educação e Cultura fará a edição oficial definitiva de todas as partituras do Hino Nacional e bem assim promoverá a gravação em discos de sua execução instrumental e vocal, bem como de sua letra declamada.

Art. 42° Incumbe ainda ao Ministério da Educação e Cultura organizar concursos entre autores nacionais para a redução das partituras de orquestras do Hino Nacional para orquestras restritas.

Art. 43° O Poder Executivo regulará os pormenores de cerimonial referentes aos Símbolos Nacionais.

Art. 44° O uso da Bandeira Nacional nas Forcas Armadas obedece as normas dos respectivos regulamentos, no que não colidir com a presente Lei.

Art. 45° Esta Lei entra em vigor na data de sua publicação, ficando revogadas a de n° 5.389, de 22 de fevereiro de 1968, a de n° 5.443, de 28 de maio de 1968, e demais disposições em contrário.

Brasília, 1 de setembro de 1971; 150° da Independência e 83° da República.

EMÍLIO G. MÉDICI
Alfredo Buzaid
Adalberto de Barros Nunes
Orlando Geisel
Mário Gibson Barboza
Antonio Delfim Netto
Mário David Andreazza
L. F. Cirne Lima
Jarbas G. Passarinho
Júlio Barata
Mário de Souza e Mello
F. Rocha Lagôa
Marcus Vinícius Pratini de Moraes
Antônio Dias Leite Júnior
João Paulo dos Reis Velloso
José Costa Cavalcanti
Hygino C. Corsetti

Este texto não substitui o publicado no DOU de 2.9.1971
Alteração de anexo: Lei n° 8.421, de 1992.

LEI N° 12.031, DE 21 DE SETEMBRO DE 2009.

Altera a Lei n° 5.700, de 1 de setembro de 1971, para determinar a obrigatoriedade de execução semanal do Hino Nacional nos estabelecimentos de ensino fundamental.

O VICE – PRESIDENTE DA REPÚBLICA, no exercício do cargo de PRESIDENTE DA REPÚBLICA faço saber que o Congresso Nacional decreta e eu sanciono a seguinte Lei:

Art. 1° O Art. 39° da Lei n° 5.700, de 1 de setembro de 1971, passa a vigorar acrescido do seguinte parágrafo único:

"Art. 39° ....

Parágrafo único: Nos estabelecimentos públicos e privados de ensino fundamental, é obrigatória a execução do Hino Nacional uma vez por semana." (NR)

Art. 2° Esta Lei entra em vigor na data de sua publicação.

Brasília, 21 de setembro de 2009; 188° da Independência e 121° da República.

JOSÉ ALENCAR GOMES DA SILVA
Fernando Haddad

Este texto não substitui o publicado no DOU de 22.9.2009

Segue a alteração efetuada pela Presidência da República. A bandeira do Brasil quando hasteada deve ter ao seu lado direito a bandeira do Mercosul, em todas as repartições públicas e nos demais como segue no art. 13 da lei 5.700. O que foi vetado é o início imediato sobre esta obrigatoriedade.

LEI Nº 12.157, DE 23 DE DEZEMBRO DE 2009.

O PRESIDENTE DA REPÚBLICA Faço saber que o Congresso Nacional decreta e eu sanciono a seguinte Lei:

Art. 1º O **caput** do art. 13 da Lei nº 5.700, de 1º de setembro de 1971, passa a vigorar com a seguinte redação:

"Art. 13. Hasteia-se diariamente a Bandeira Nacional e a do Mercosul: ...." (NR)

Art. 13. Hasteia-se diàriamente a Bandeira Nacional:

I - No Palácio da Presidência da República e na residência do Presidente da República;

II - Nos edifícios-sede dos Ministérios;

III - Nas Casas do Congresso Nacional;

IV - No Supremo Tribunal Federal, nos Tribunais Superiores e nos Tribunais Federais de Recursos;

IV - No Supremo Tribunal Federal, nos Tribunais Superiores, nos Tribunais Federais de Recursos e nos Tribunais de Contas da União, dos Estados, do Distrito Federal e dos Municípios; (Redação dada pela Lei nº 5.812, de 1972).

V - Nos edifícios-sede dos podêres executivo, legislativo e judiciário dos Estados, Territórios e Distrito Federal;

VI - Nas Prefeituras e Câmaras Municipais;

VII - Nas repartições federais, estaduais e municipais situadas na faixa de fronteira;

VIII - Nas Missões Diplomáticas, Delegações junto a Organismo Internacionais e Repartições Consulares de carreira respeitados os usos locais dos países em que tiverem sede.

IX - Nas unidades da Marinha Mercante, de acôrdo com as Leis e Regulamentos da navegação, polícia naval e praxes internacionais.

DECRETO Nº 7.419, DE 31 DE DEZEMBRO DE 2010.

> Dá nova redação ao art. 21 do Anexo ao Decreto nº 70.274, de 9 de março de 1972, no tocante ao hasteamento do Pavilhão Presidencial e incluindo disposição sobre o Pavilhão do Vice-Presidente.

O PRESIDENTE DA REPÚBLICA, no uso da atribuição que lhe confere o art. 84, inciso VI, alínea "a", da Constituição,

DECRETA:

Art. 1º O art. 21 do Anexo ao Decreto nº 70.274, de 9 de março de 1972, passa a vigorar com a seguinte redação:

"Art. 21. O Pavilhão Presidencial será hasteado, observado o disposto no art. 27, **caput** e § 1º:

I - na sede do Governo e no local em que o Presidente da República residir, quando ele estiver no Distrito Federal; e

II - nos órgãos, autarquias e fundações federais, estaduais e municipais, sempre que o Presidente da República a eles comparecer.

Parágrafo único. Aplica-se o disposto neste artigo ao Pavilhão do Vice-Presidente da República." (NR)

Art. 2º Este Decreto entra em vigor na data de sua publicação.

Brasília, 31 de dezembro de 2010; 189º da Independência e 122º da República.

LUIZ INÁCIO LULA DA SILVA

Jorge Armando Félix

Este texto não substitui o publicado no DOU de 31.12.2010 - Edição extra

Bibliografia

CALDERARO, Martha. *Etiqueta e boas maneiras.* Rio de Janeiro: Nova Fronteira, 1983.

GIORDANI, Mário Curtis. *História de Roma.* Petrópolis: Vozes, 1981.

LEÃO, Célia Pereira de Souza. *Boas maneiras de A a Z.* São Paulo: STS, 1997.

LEWIS, Richard D. *When cultures collide.* Londres: Nicholas Brealey, 1996.

LINS, Augusto Estellita. *Etiqueta, protocolo & cerimonial.* Brasília: Linha Gráfica, 1991.

MOLE, John. *Mind your manners.* Londres: Nicholas Brealey, 1995.

NOTAKER, Henry; GAARDER, Jostein; HELLERN, Victor. *O livro das religiões.* São Paulo: Companhia das Letras, 2000.

NUNES, Marina Martinez. *Cerimonial para executivos.* Porto Alegre: Sagra Luzzatto, 1999.

RIBEIRO, Célia. *Etiqueta na prática.* Porto Alegre: L&PM Editores, 1992.

SPEERS, Nelson. *Cerimonial para relações públicas.* São Paulo: Hexágono cultural, 1984.

Sites

www.planalto.gov.br
www.militar.com.br
www.cncp.org.br

CADASTRE-SE
EM NOSSO SITE,
FIQUE POR DENTRO DAS NOVIDADES
E APROVEITE OS MELHORES DESCONTOS

LIVROS NAS ÁREAS DE:

História | Língua Portuguesa
Educação | Geografia | Comunicação
Relações Internacionais | Ciências Sociais
Formação de professor | Interesse geral

ou
editoracontexto.com.br/newscontexto

Siga a Contexto
nas Redes Sociais:
@editoracontexto